超リアル 戦国 武士と忍者の戦い図鑑

ぶしとにんじゃの　たたかいずかん

監修

□田哲男　山田雄司
おわだ てつお　やまだ ゆうじ

GB

はじめに

　戦国時代といえば、織田信長や豊臣秀吉、徳川家康などキラ星のごとき戦国武将が活躍した時代。だが、彼らが残した輝かしい功績は、たったひとりで成し遂げられたわけではない。そこには、実に多くの「武士」たちの支えがあり、彼らは戦において命を懸けて戦っていたのだ。

　また、「忍者」の存在も戦国時代において忘れてはならない。彼らは合戦で活躍することはなかったが、敵国の動向を探る情報収集を主な任務とし、舞台裏で暗躍していた。

　本書では、武士と忍者という戦国時代の二大「陰の立役者」にスポットを当て、彼らの「実態」や「振る舞い」などを、イラストを用いて丁寧に紐解いていく。

　ある特定の分野に詳しいことを「通」というが、本書をくまなく読めば、戦国時代の「通」になれること請け合いである。

本書編集部

戦国ものしりクイズ

約500年も前の戦国時代、文化は今と全く違っていた。まずは戦国時代にまつわるクイズにチャレンジ！基本をおさらいしていこう。

まずは戦国時代に関する問題を三択で出題するでござる

Q.1 難易度 ★★★

武士の多くが頭を剃っていたのはなぜでしょう？

お相撲さんではありません

Ａ 当時、流行っていたから
Ｂ 兜で頭が蒸れるのを防いだから
Ｃ ハゲをごまかすため

Q.2 難易度 ★★★

戦国時代に外国から伝わった宗教といえば？

神よ、アーメン！

Ａ キリスト教　Ｂ イスラム教　Ｃ 仏教

Q.3 難易度 ★★★

軍配という道具はどんな時に使われた？

軍配が上がると勝ちを意味します

Ａ 暑い日に団扇として使った
Ｂ 戦の時の合図に使った
Ｃ ハエが出た時に使った

Q.4 難易度 ★★★

鉄砲が伝わったのは戦国時代。
伝えた国はどこでしょう？

鉄砲は火縄銃
ともいいます

Ａ アメリカ
Ｂ オーストラリア
Ｃ ポルトガル

Q.5 難易度 ★★★

お米は食べるだけではなく、
〇〇の代わりにも使われた。
〇〇とは何？

簡単な問題で
ござるな

Ａ パン　Ｂ 武器　Ｃ お金

Q.6 難易度 ★★★

下級武士が
戦の時にかぶったのは？

兜として
使いました

Ａ シルクハット　Ｂ 三角帽子　Ｃ 陣笠

Q.7 難易度 ★★★

戦国時代には全国に
お城はどのくらいあった？

Ａ 200城以上　Ｂ 2000城以上
Ｃ 20000城以上

Q.8 難易度 ★☆☆

戦国時代の人たちは
1日何回ごはんを食べていた？

A 2回　B 3回　C 4回

Q.9 難易度 ★★☆

この鞠を蹴るスポーツは
何という名前でしょう？

A 蹴鞠　B 野球　C サッカー

全部で14問
ほど出題します

Q.10 難易度 ★★★

戦国時代に流行っていた武士の趣味です。
さて、何でしょう？

A 座禅　B 連歌会　C 茶の湯

結構なお手前で

Q.11 難易度 ★★★

忍者が逃げるときに地面にまいた
道具の名前は何というでしょう?

拙者の得意技で
ございるよ

Ａ まきびし Ｂ まぎひし Ｃ トゲトゲ

何だ、これは!?

Q.12 難易度 ★★★

印籠は何を入れるもの
だったでしょう?

戦国時代より昔は
印鑑を入れていました

Ａ 水
Ｂ ご飯
Ｃ 薬

Q.13 難易度 ★★★

忍者が使ったとされる
この武器の名称は何?

Ａ 鎖鎌
Ｂ 鎖かたびら
Ｃ カマキリ

Q.14 難易度 ★★★

この道具の
名称を何という?

Ａ 苦無
Ｂ くるしゅうない
Ｃ こない

何問くらいわかったかな？
答え合わせをしてみよう

戦国ものしりクイズ 答え合わせ

「こんなクイズ、簡単だよ」という人はかなりの戦国ものしり。どれくらい解けたか、早速チェックしてみよう。

※採点は1問正解ごとに10点になります。

兜を被ると頭が蒸れるので、それを防ぐために前頭部から頭頂部にかけて髪の毛を剃ったり抜いたりしていた。

1549年、キリスト教宣教師のフランシスコ・ザビエルが薩摩国に来着。九州・四国地方を中心にキリスト教を広めた。

軍配は戦の時に武将が軍兵に合図を送るため使った。相撲の行司が取り組みの際に持っているのも同じものである。

日本に初めて鉄砲が伝わったのは1543年。種子島に漂着したポルトガル人が鉄砲を持っていたのが始まりだった。

正解はお金の代わり。農民たちは税金として領主に米を納め、領主の家臣たちは給料として米を受け取っていた。

身分の低い武士は足軽と呼ばれ、彼らは兜ではなく陣笠という簡素な笠を被っていた。笠の素材は主に紙や革だった。

軍事施設や避難所として築城が盛んに行われた戦国時代。全国各地に建てられて、その数は20000を超えたといわれている。

 当時、食事は1日2食というのが当たり前だった。江戸時代に入ってから現代のように1日3食になった。

 もともと蹴鞠は平安時代に貴族を中心に流行した球技。室町時代からは武家の嗜みとされ、盛んに行われるようになった。

 現代にも続く茶の湯・茶道の原型が作られたのが戦国時代。多くの武士が茶の湯を嗜み、茶器や茶道具を収集した。

 正しい名称は「まきびし」。逃げる途中にばらまくことで追っ手の速度を落としたり、追っ手の足に怪我を負わせたりした。

 もともとは印鑑を入れるケースだったが、戦国時代に入ると印籠は薬入れとして使われるようになり、多くの武士が携帯した。

 草刈り鎌に、鎖や分銅を取りつけた武器。忍者専用の武器というわけではなく、武士や農民も使っていた。

 苦無は壁を上ったり、地面に穴を掘ったりする道具。手裏剣のように敵に投げつける武器としては扱われなかった。

0点〜40点	50点〜90点	100点〜130点	満点
ひよっこクラス	**騎馬武者クラス**	**重臣クラス**	**戦国大名クラス**
戦国時代に関する知識は残念ながら未熟者。本書を読んでものしりになるべし。	この時代について多少は知っているようだが、あと一歩。もっと見識を深めたい。	もう少しで満点を取れたキミは、相当なものしり博士。よく頑張りました！	パーフェクト達成おめでとう！　将来、キミは歴史学者になれるかもしれません。

戦国時代の社会階級

戦国時代の社会階級は今と違ってちょっとだけ複雑。本書を読むにあたって、それぞれの関係性が分かるとより楽しめるので、ぜひとも覚えてみて！

平時

田畑を耕してその一部を年貢として領主に納めた。

農民

戦時

農兵や足軽として戦に参加したり、小荷駄隊として荷物の運搬を行ったりした。

平時

農民と一緒に田畑を耕した。また、領主から税の一部をもらって生活をする者もいた。

主従関係

戦時

農民たちをまとめあげて領主のもとへ集まった。侍大将や足軽大将といった、隊のリーダー的存在であった。

地侍

平時
戦国大名から給付された土地で生活していた。住まいは戦国大名から預かった城であった。

平時
領主たちをまとめる大領主として、国内の政治を動かした。

戦国大名

主従関係

領主

戦時
総大将として戦で指揮をとった。戦に参加できない場合は、領主に任せることもあった。

主従関係

戦時 地侍や農兵、小荷駄隊を指揮して戦国大名のもとへ集まった。領主のことを戦国武将ともいう。

領主よりも偉い立場の武士が戦国大名

戦国大名は、この時代の社会階級のトップ。戦国大名は領主に対して土地を給付する代わりに、自軍の戦に参加させるという主従関係を結んでいた。また、領主と主従関係を結んでいたのが地侍や農民と呼ばれる人々。地侍の多くは有力農民であり、農民たちのまとめ役でもあった。

もくじ

戦の巻　戦の始まりから終わりまで

武具の巻　武士が身につけていた武器や防具

忍者の巻　戦国武将を陰で支えた忍者たち

戦の始まりから終わりまで

戦はどのように始まってどのように終わるのか？本章では、出陣前や進軍中、戦後の後始末といった戦の流れを紐解くでござるよ

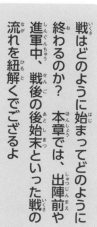

戦の直前は鐘や太鼓の音が鳴り響いた

お題 **戦の段取り**

評定は大名が重臣たちと軍議を行う場。そこで開戦が決まれば、武将たちは自陣で鐘や太鼓を鳴らして兵を招集した。

評定とは？
戦国時代における幹部会議。平時でも月3回ほど開かれた。

戦国大名
多数決のかたちをとってはいても、最終決定を下すのは、もちろんトップである大名自身。

地図
戦場の地理を知っていれば戦を有利に運べる。行軍や敗走時のルート設定にも有用だった。

円陣
戦国大名を中心に、その周りを囲むように重臣たちが着座した。

① 戦をする・しないは評定によって決定する

話し合いで決めていたのは意外でしょ？

　戦をする前、戦国大名は重臣たちを集めて評定を開いた。いわゆる幹部会議である。評定の結果、合戦やむなしとなれば、そこではじめて動員計画や行軍ルートの検討、合戦時の基本戦術など、具体的な作戦計画に移る。**勝てる可能性が低い時は、やはり評定によって和睦工作や降伏の段取りを話し合った。**

合図の道具類

主に鐘や太鼓を使用。これらの音が国内に鳴り響くと、合戦の機運が否応にも高まった。

陣鐘

陣触の時は、速く、激しく叩かれた。

もうすぐ戦が始まるぞ〜

口頭

鳴り物に頼らず、直接口で伝えることも。

動員

陣触を受けて、地侍や農民たちが領主のもとに集結した。

② 領内の兵士や農民に開戦を知らせる陣触

　大名から開戦決定を告げられた配下の武将たちは、自らの拠点に戻って、兵を集めた。これを陣触という。その際に用いたのが、**鐘や太鼓、法螺貝といった音響効果の高い鳴り物である**。陣触はそのまま、合戦の始まりを告げる合図でもあった。

戦の段取りの三か条

- ※ その一　戦の是非は大名と重臣たちによる評定によって決定する
- ※ その二　開戦が決まったら各武将は領地に戻って陣触を行うべし
- ※ その三　陣触には音響効果の高い鳴り物を積極的に活用せよ

出陣前は食べ物の名前の語呂合わせで縁起を担いだ

お題　縁起

勝敗は時の運。その運を少しでも引き寄せるため、戦国時代の武将たちは出陣前に縁起担ぎの様々な儀式を行った。

縁起　勝利を祈願する縁起担ぎの中には、今となっては非科学的と思われるものも…。

鳥
敵のいる方から自陣に向かって飛んでくると凶。逆は吉とされていた。

犬
出陣を前に犬が右に向かって横切ると凶。左に横切ると吉とされた。

① 身の回りの出来事から自らの武運を占った

負けは死を意味する時代。縁起だって担ぐよ

　合戦の準備が整っても、当時の武将たちはすぐには腰を上げない。まず戦勝を祈願する儀式を行うのが通例だった。また、迷信めいた縁起担ぎも行った。いずれも現代人から見れば非科学的に映るものばかりだが、いざ赴くは命がけの戦場。ささいなことであれ、心のよりどころが必要だったのだ。

これで勝ったも同然じゃ！

② 必勝の儀式を行って敵に「打ち」「勝ち」「よろ昆布」！

出陣日には必勝を誓って「三献の儀」が催された。膳に載った食材は打ち鮑（細長く切った干し鮑）、勝栗（乾燥させた栗の実）、昆布の3種類。縁起物として食した。敵に「打ち」「勝ち」「喜ぶ」。杯は大中小とあり、それぞれ3回ずつ計9回酒を飲むことで縁起を担いだ。

三献の儀
室町時代から武家に伝わる礼儀作法のひとつで、三三九度ともいう。

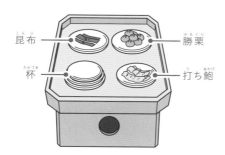

昆布
勝栗
杯
打ち鮑

禁忌
出陣前にはしてはいけないもあった。女性と触れ合うのもタブーだった。

縁起の三か条
✳ その一　出陣前には必勝を期して儀式を行うのが武家のならい
✳ その二　縁起担ぎや神頼みは決して恥ずかしいことにあらず
✳ その三　縁起物を膳に並べた三献の儀は武家礼法の基本のキ

戦には戦国大名の戦略指揮を助ける軍師が欠かせなかった

お題　**軍師**　　策略家のイメージが強い軍師だが、そのルーツは陰陽道（※）にある。そのため祈祷や占いも彼らの重要な役目だった。

最初の軍師、吉備真備は奈良時代の人だよ

軍師による儀式

陰陽師の性格を持つ軍師は、陣営の中で占いや祈祷などの儀式を取り仕切った。

どちらにしようかな

① 戦国時代に変化した軍師の性格と役割

　史上最初の軍師といわれる吉備真備。彼は陰陽道の祖ともされており、そうしたものが後世の軍師像にも受け継がれていった。やがて戦国時代になり、さらに多くの役割が軍師に求められるようになると、**儀式を取り仕切るだけでなく、戦略家としての顔を持つようになった。**

くじ引き

出陣の日にちや時間、方角をくじ引きで占った。

※ 中国から伝わった学問

❷ 軍師は陰陽師、呪術師的な存在だった

　初期の軍師は陰陽師、呪術師的な立ち位置で、合戦前に吉凶を占って必勝祈願するのも役目の内。他にも様々な出陣の儀式をとり行う一方、**戦勝時には敵方の首を確認する首実検の作法や、勝った時の声の上げ方まで伝授した。**さらに、戦術の立案をすることもあった。

上帯

上帯切り
鎧の上帯を切断。「鎧を脱がない」という決死の意志を示す儀式。

吉凶占い
陰陽道の心得がある軍師は、日付、時間、方角について、それぞれ吉凶を占った。

戦勝祈祷
軍神に勝利を祈願。生贄を求める呪術師的な軍師もいたという…。

地の利は我が軍にあります

この勝負、勝てるかもな

戦術の計画
兵法にもとづき、具体的な戦術など、主君に適切な助言を行った。

軍師の三か条

* その一　陰陽道がルーツなので陣中の儀式はすべてお任せ
* その二　吉凶を占い、戦の日時や方角を決めるのも軍師の務め
* その三　主君への献策、戦術の立案を行い戦を勝利に導く

軍の移動中、総大将は一番安全な隊列の中心にいた

お題　部隊編成

武器の種類ごとに編成された部隊が「備」。ひとつの軍は複数の備から成り、行軍中も布陣を想定した隊列を組んでいた。

いざ、戦場へ!

騎馬武者

奉公人（家来）

騎馬武者
一定以上の領地を持つ者だけに許された戦場の花形。様々な武器を奉公人（家来）に持たせていた。

奉公人（家来）

① 精鋭を前軍に置いて敵とぶつかった

前軍が突破されたらピンチ！

　戦国大名の軍勢は、進行方向順に前軍・中軍・後軍の三つに分かれて行軍した。先手と呼ばれる前軍は敵との遭遇確率が高いため、精鋭が多く配置される。本隊に当たるのが中軍で、総大将も直属の部下たちに守られながらここにいる。後軍は前軍、中軍が戦闘状態になった時の予備軍で、通常は後方の警戒が主な任務だ。

② 部隊に相当する「備」が軍の最小単位

　前軍・中軍・後軍は、それぞれ部隊に相当する「備」で構成されていた。独立して行動する軍の最小単位でもある備は、武器の種類ごとに編成されていて、弓・鉄砲・槍の各足軽隊、騎馬武者隊、小荷駄隊などがあった。**大軍であればあるほど備の数も多かった。**

槍組
戦国初期、軍の中心だった主力部隊。鉄砲が普及するにつれ、護衛任務などを任されるようになった。

鉄砲組
緒戦に射撃戦を行い、戦の開幕を告げた。戦国時代も後期になると、数を増やして軍の主力となった。

戦国軍隊の主な構成

進行方向 →

前軍（先手）			中軍						後軍	
備	前軍の大将	備	備	備	総大将	馬廻	備	備	後軍の大将	備

戦国時代の軍隊は、前軍・中軍・後軍に分かれていた。各軍は、それぞれ部隊に当たる複数の備で構成。その備もまた、鉄砲組・弓組・槍組・騎馬隊・小荷駄隊（兵糧や弾薬を運ぶ人馬）の集合体だった。

部隊編成の三か条

＊ その一　大名の軍勢は前軍・中軍・後軍に分かれて行軍する

＊ その二　軍の最小単位「備」は武器種ごとに編成される

＊ その三　それぞれの備は行軍中から戦を想定した隊列を組む

ものしり度 ★★★★☆

軍勢の中には荷物を運ぶだけの運搬専門の部隊がいた

お題　小荷駄隊

兵糧や武器など、軍の維持に必要な物品の輸送を担う小荷駄隊。戦闘員ではないが、軍の生命線を握る重要な役割だった。

小荷駄隊の編成

戦闘力が低く速度も遅い小荷駄隊は、ターゲットになりやすかった。

どうか敵に襲われませんように…

小荷駄奉行
小荷駄隊を率いる武士。騎馬に乗って先導し護衛と監視役を務めた。

運搬の馬
馬1頭につき米俵2〜4俵を運んだ。

陣夫
物資の輸送を担当する人々。非戦闘員。

ゆっくり、ゆっくり……

① 兵糧や武器がなければ大軍は維持できない

お腹が減ったら戦いにならないってホントの話

　遠征が増え、合戦が長期化した戦国時代。兵力もさることながら、その兵を食べさせるための食料、戦を続けるための武器弾薬の補給が重要になってきた。「小荷駄隊」はそのための専門部隊。行軍では軍勢の最後尾につくのが通例である。小荷駄隊を構成するのは、小荷駄奉行が農村から集めた非戦闘員だった。

② 戦力の劣る小荷駄隊は敵にとっては最大の狙い目

　兵糧だけでなく、武器や弾薬などの消耗品も小荷駄隊により運搬されていた。また、荷の中には陣地設営のための土木作業用の道具も含まれていたという。**小荷駄隊はその重要度の割に戦闘能力が低いため軍の弱点でもあり、敵方も標的として狙うことが多かった。**

運搬したもの
長期にわたる遠征や戦を支えるため、小荷駄隊は様々なものを運んだ。

武具
上級武士は武器を自ら運ばずに、小荷駄隊に運搬を任せていた。

米俵
主食となる米の他、味噌や塩なども運搬していた。

馬以外でも運んだのか？
馬での運搬が主流だったが、状況に応じて他の運搬方法をとることもあった。

モー

牛
牛によって運搬される場合もあった。移動スピードが馬より遅いのが難点。

荷車
戦国時代は基本的に悪路。荷車が用いられたのは江戸時代からといわれている。

小荷駄隊の三か条

✳ その一　軍兵だけでは戦に勝てぬ。物資輸送が勝敗のカギ

✳ その二　兵糧に武器弾薬、各種道具の運搬は小荷駄隊にお任せ

✳ その三　非戦闘員なので敵襲には常に注意せよ

ものしり度 ★★★★★

戦の開始直前、双方の弓兵たちが 射ると音が鳴る鏑矢を放った

戦の手順　戦国時代の戦はいきなり始められたわけではない。双方入り乱れての乱戦状態になるまで、一定の手順を踏んで行われた。

2 矢合わせ

鏑矢（※）を合図に合戦が開幕。弓兵が一斉に矢を放つ「矢合わせ」により、双方に矢が降りそそぐ。

てい！

やぁ！

戦国時代は戦にも作法があったんだ

1 進攻

敵と対陣後、自軍を敵陣の近くまで進める。敵もこれに応じて双方の間合いが詰まる。

① 矢合わせを合図に 合戦の幕が上がる

　両軍が布陣を終え、「関の声（士気を高めるため大勢が同時に叫ぶ声）」が上がると戦の開幕。最初に行われるのが「矢合わせ」だ。音を上げて飛んでいく鏑矢を合図に、弓隊が一斉に矢を放つと、双方の陣に大量の矢が降りそそぐ。鉄砲が広まってからは、矢の代わりに鉄砲合わせが行われることもあった。

※ 射ると音が鳴る矢のこと

② 長槍隊によって生じた乱れを騎馬隊が突く!

　矢合わせが終わると、接近戦へと局面は移る。最初は長槍同士による叩き合い、突き合い。そこで**敵陣に乱れが生じれば騎馬兵の出番だ**。乱戦の中で戦況が味方不利に傾き、退却やむなしとなれば、戦で最も難しいとされる、追撃を防ぎながらの撤退戦がスタートする。

3 槍の突き合い
軍の前面に展開した長槍隊同士による、壮絶な叩き合いが始まる。敵陣に乱れが生じれば、そのまま突進！

突撃～

ワ～

ワ～

ワ～

4 騎馬隊の突入
長槍隊によってほころびを見せた敵陣に、騎馬隊が持ち前の機動力を活かして突入。敵陣をさらに切り崩す。

ワ～

ワ～

5 競り合い
互いが相手の陣を切り崩すことで、しぜんに乱戦状態に。一方が撤退するか総大将が討ち取られるまで戦いは続く。

戦ファイル

"撤退=負け"ではない!

朝倉氏と戦った「金ヶ崎の戦い」に出陣した織田信長だが、義弟の裏切りを察して撤退を決意。見事な撤退戦を演じて兵力の温存に成功した。

戦の手順の三か条

- ※ その一　双方が対陣を終えたら、決まった手順に沿って戦を始めよ
- ※ その二　長槍隊が敵陣を崩したところで騎馬隊を投入!
- ※ その三　負けを悟ったら、取り返しがつかなくなる前に撤退せよ

大将が「えいえい」と声をかけ、軍兵の「おう!」の返事で攻撃開始

| お題 | 士気の向上 | 大きな音には戦意向上の他、敵を威圧する効果もある。最たるものが鬨の声。太鼓など鳴り物を用いることもあった。 |

鬨の声 大人数が大声で叫ぶことで、士気を高める方法。

「わあ」

駆けるときに叫ぶことで勢いをつける。

「えい、えい」

「よいか」という問いかけの意。命のやりとりが行われる戦場で、味方の戦意を確認する意味で用いられた。

「えい、えい」「おう」

大将による「よいか?」という問いかけに、兵たちが戦意十分とばかりに「おう!」と返す。

えい、えい

おー

① 皆が一斉に叫ぶことで気持ちに勢いをつける

大声を上げると力がわいてくるよね

　開戦時に大将が「えい、えい」と声を上げると、配下の兵たちが一斉に「おう」と応じる。これが鬨の声だ。「えい」は「鋭」(「曳」など異説もある)、「おう」は「応」の意とされている。勝ったときに上げる勝ち鬨にも使われる。大人数が一斉に相対する戦場ならではの士気の高め方といえるだろう。

② 太鼓は戦況によって打ち方を変えた

　戦闘中の兵の士気を高める目的では、太鼓や法螺貝といった鳴り物が用いられることも多かった。連打が可能で、テンポも変えやすい太鼓は特に有用で、攻勢に出る時（懸かり太鼓、押し太鼓）、乱戦の最中（急き太鼓）など、状況に応じて鳴らし方に違いがあった。

ドンドン

背負太鼓
士気高揚や、軍の進退などの諸連絡に使った。

ブオー

法螺貝
大将などが号令のため用いた。吹く者には「貝役」という職名があった。

陣中太鼓
大きめの太鼓は複数の者が担ぐ。

戦ファイル

キリシタンの関の声
島原の乱で、キリシタンは「サンチャゴ」と関の声を上げた。これはスペインで聖ヤコブを意味し、イベリア半島の地名でもある。過去に同地で異教徒との争いが起きた時も、スペイン人はこの声を上げたという。

士気の向上の三か条

✳ その一　戦の幕開けは「えい、えい」「おう」の関の声から

✳ その二　士気を高めたければ皆で一斉に声をそろえて叫べ

✳ その三　声だけでなく、太鼓や法螺貝などの鳴り物も利用せよ

合図が分かるように、戦では目や耳にうったえる道具が使われた

お題　**命令と合図**

広大な戦場では、戦闘中の兵たちに命令や合図を送るため、大将は道具を用いて視覚や聴覚にうったえかけた。

指揮合図道具は兵たちを自在に動かすためのもの

指揮合図道具

近距離の合図は主に視覚に、遠距離の合図は聴覚にうったえる方法をとった。遠距離でも、狼煙を使って視覚にうったえる場合もあった。

軍扇

大将が指揮のために用いた扇。鎌倉時代から使われるようになった。

① 派手なデザインは戦場で目立つため

戦国武将のトレードマークともいえる軍配は、**本来は吉凶占いのために使われたもの**。柄の先に紙片や獣の毛などを下げた采配も、指揮具として用いられた。軍扇は目立つよう、派手なデザインのものが好まれた。赤地に、**金箔の日の丸や松の木が描かれていた**。

軍配（軍配団扇）

指揮具であると同時に、矢や鉄砲の玉から身を守る盾としても使用した。

采配

神社で用いる御幣が原形。振り回すことで味方に合図を送った。

カンカン

② 様々な道具を使って 目や耳にうったえる

指揮具による合図は、ある程度近くにいないと認識が難しい。また、乱戦時は目をやる余裕もない。そこで離れていても分かり、また乱戦時でも気づけるように、鳴り物を使って聴覚にうったえる方法もとられた。遠くからも見える狼煙や軍旗が用いられることもあった。

陣鐘
伝えたい内容に応じて音の長短、回数など叩き方も変えた。

陣太鼓
士気の鼓舞にも用いた。大きいものになると台車で運搬。

狼煙
煙の色や量を変えることで、異なる内容を伝えた。

軍旗
遠くからでもひと目で分かるようなデザインが好まれた。

法螺貝
戦場では古くから用いられてきた指揮具。平安時代末期から使われた。

命令と合図の三か条

✳ その一　戦闘中の命令伝達には視覚・聴覚にうったえる指揮具を使う

✳ その二　視覚的な道具は目立つよう派手なデザインを選ぶ

✳ その三　聴覚的な道具は音の長短や回数などに変化をもたせる

戦で睨み合いが続いた時は、悪口を言って相手を挑発した

お題	挑発	布陣を終えても相手が動かず、長く膠着状態が続くことがある。そうした状況を打破するため様々な挑発が行われた。

挑発行為の種類

動かぬ敵を動かすため、できるだけ相手の神経を逆撫ですることをした。

焼き働き

町や村、田畑に放火して焼き払う。田畑を焼くことは敵の食糧を減らす意味もある。

① 挑発で相手を動揺させ戦場に引きずり出す

非情なやり方だけど効果は絶大！

　敵地での布陣が長期化すればするほど、兵糧や物資はムダに消費される。よって守る側はそれを狙い、戦わずに引きこもることがある。そんな時に使われる戦術が挑発だ。動かない敵をむりやり戦場に引きずり出すためには、過激で容赦ない方法がとられる。家や田畑に火を放つ焼き働きもそのひとつである。

や〜い、弱虫!

悪口

敵陣に向けて侮辱や罵倒の言葉を投げつける。悪口に悪口を返され、罵倒の応酬になることもあった。

② 略奪行為もすれば悪口だって言う

　田畑を焼き払うのではなく、収穫前の稲や麦を刈り取ってしまう刈り働き（青田刈り）も代表的な挑発行為。また、**女性や子ども、領民の家財を略奪する乱取り**も行われた。投石、悪口も意外に効果的。一部の兵でも挑発に乗ってくれれば、こちらのものである。

ワシらのものだ

刈り働き

敵地の農作物を刈り取る行為。収穫期が近いほど、相手に与えるダメージは大きかった。

待て待て〜

助けて〜

略奪

家屋に押し入り家財や食糧を盗む他、女性や子どもを連れ去ることも。

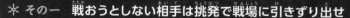

挑発の三か条

✳ その一　戦おうとしない相手は挑発で戦場に引きずり出せ

✳ その二　田畑を焼き、農作物を収奪することで敵の兵糧を減らす

✳ その三　相手の神経を逆撫でする意味では悪口も効果アリ

城攻めは力攻めのみにあらず！
火や水の力も利用していた

攻城戦

籠城を選択した敵に対し、攻撃をしかける攻城戦。戦の長期化は攻める側が不利となるため、様々な攻略法が考え出された。

力攻め

兵力が圧倒的に勝る場合、その数の力に任せて城を攻め落とす正攻法の戦術。

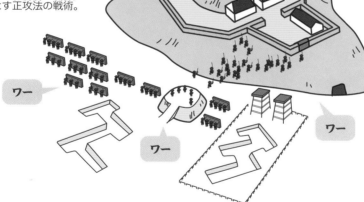

ワー

ワー

ワー

① **力攻めが不可能なら
策を用いて城を落とせ**

兵力に差があれば力攻めが簡単なんだけど

　攻城戦は城側が有利。力攻めを成功させるには、圧倒的な兵力が必要とされた。それが難しいとなれば、策をもって攻略するしかない。最も一般的なのが火攻めである。**火のついた矢で城内の施設や物資を燃やし、鎮火に人手を割かせるのが目的だ。**効果的な方法だっただけに、籠城する側は防火対策をとっていることが多かった。

ゴオオオオ

火攻め
城だけでなく食糧や物資、橋などの施設を燃やすことで敵を困らせた。

② トンネルを掘って城内へ侵入することも

低地で河川が近くにある場合は水攻めが有効とされた。城内が水浸しになることで、城兵の士気をくじく効果があったのだ。**水源がない場所では、トンネルを掘って城内へ侵入を図る土竜攻めも試みられた。兵糧を断つ**兵糧攻めは、大規模な下準備が不要な割に効果絶大だった。

井戸

水没…

井戸の水を抜いてしまおう

水攻め
周囲を流れる河川をせき止め、城ごと水浸しにする。水に浸かることで、鉄砲や火薬などが使いものにならなくなることも。

土竜攻め
穴攻めともいわれる。トンネルを掘って城内に侵入し、相手の不意を突いたり、井戸の水を抜いたりした。

攻城戦の三か条

✳ その一　数的優位にある場合は、力攻めを選択する手もあり

✳ その二　力攻めが難しければ、策をろうして城を落とせ

✳ その三　火攻め・水攻め・土竜攻め。攻城戦は工夫だ！

戦場に選ばれやすいのは国境線にもなっていた川だった

お題	**戦場**	大軍同士がぶつかる原っぱなどの開けた場所。奇襲が成功しやすい峠や狭間。戦場の地形で戦術も変えていた。

2 狭間

狭間とは、尾根と尾根に挟まれた細長い地形。大軍が陣形をとれず間延びするため、少ない兵による奇襲が可能。

1 峠

交通の要衝であるため、進軍ルートに選ばれやすい。待ち伏せして高所から攻めれば優位に。

3 川

国境を流れる河川沿いには広い土地が多く、大軍同士がぶつかりやすい。

① 史上名高い合戦に共通する文字とは

広い場所は大軍を動かしやすいんだ

　史上に名高い合戦は、舞台となった地名で呼ばれることが多い。そうした地名で目立つのが「野」「原」「川」といった文字。地名は古来、土地の特徴を表したものが多い。つまり**合戦の多くが、野原や川原など開けた場所で行われたということである。**たとえば関ケ原の戦い、姉川の戦い、手取川の戦いなどだ。

4 山
戦闘自体が難しいため大軍同士が対峙することはない。城砦があれば、取り合いやつぶし合いとなる。

川を渡る行為は兵を危険にさらす。つまり河川は自然の防壁となるので、国境になりやすい。そのため戦場に選ばれることも多かった。**山は本格的な戦闘には不向きで決戦の地にはなりづらい。「山」とつく合戦が少ないのはそのせいだ。**

5 原
広い土地は、大軍同士が激突する一大決戦地に選ばれやすい。

6 城
攻城戦は城側が籠城して守りに徹することが多いため、攻める側には不利だった。

戦場の三か条

✳ その一　川原や野原のような広い場所が一大決戦地に選ばれる

✳ その二　峠や狭間は奇襲向き、攻城戦は守備側が有利

✳ その三　川は国境となることが多いので合戦が起きやすい

海戦では相手の船に乗り込んで敵を海に突き落とす!

お題	海戦	通常の戦闘とは異なり、海戦には特殊な道具が用いられた。また、水軍衆が操る軍船にもいくつかの種類があった。

水軍衆（元海賊の傭兵たち）が大名に力を貸したんだ

水軍

水軍という呼称は江戸時代に入ってからで、戦国時代は海賊衆と呼ばれていた。直属の家臣の軍隊として編成されるものもあれば、傭兵として編成される部隊もあった。

① 海賊出身の水軍衆は海戦のエキスパート

もとは海賊衆と呼ばれた水軍衆が海戦の主役だった。ふだんは往来する船から通行料をとったり、雇われて大名の警護などを行いつつ、戦時には傭兵集団として戦った。海戦で用いる武器は、敵船を引き寄せる熊手、火を放つための火矢など特徴的なものが多かった。

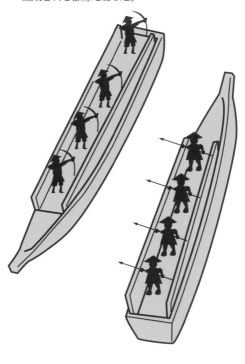

② 戦国の世が進むと軍船も巨大化

　海戦も序盤は矢を放ち合う矢合わせから始まった。そして双方接近したら熊手で敵船を引き寄せ、船上が舞台の白兵戦となる。海戦に使用された船は、戦国初期は小型の小早が主力。中期以降になると矢倉のある中型の関船、天守を有する巨大な安宅船も登場した。

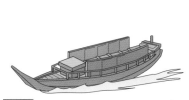

小早
小回りのきく全長10mの小型船。戦国初期からゲリラ戦に使われた。

└ 天守

安宅船
全長20〜50m。防御力・耐久力を備えた大型船。矢倉のほかに天守も有する海上の要塞。

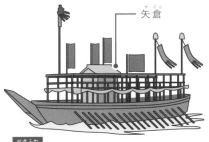

└ 矢倉

関船
全長20〜25mの中型船。物見のための矢倉もあり、速度・攻撃・防御のバランスがよい。

海上での戦い方

①火矢を敵船に向けて射かける。

えい

②互いに敵船に乗り込んでの白兵戦。

海戦の三か条

✳ その一　海戦だったら海賊上がりの水軍衆にお任せ

✳ その二　火矢を放って敵船を混乱におとしいれる

✳ その三　軍船を使い分けて海戦を有利に進めろ

勝てそうにない戦では、寝静まった深夜や早朝に攻撃を仕掛けた

お題	奇襲攻撃	敵の意表をつくことで戦局を味方有利へと変える。奇襲攻撃は、不利な状況に立たされた場合の起死回生の手段！

奇襲で負け戦をひっくり返せ！

敵は本能寺にあり！

① 敵を思いきり油断させ予期せぬ隙を突く！

　敵に対して劣勢にある場合、正面きって戦うのは無謀の一言。そんな時は、**奇襲攻撃によって局面の打開を試みるのもひとつの手**。相手が予期せぬ隙を突くこの戦術のポイントは、敵に絶対に気づかれないこと、敵をできるだけ油断させることにあった。

ザッザッザ……

本能寺の変

天下統一を目前にした織田信長が、明智光秀の謀反によって命を落とした事件。本能寺の変は寝込みを襲った奇襲の成功例であった。

② 予想外の時間・場所が奇襲の狙い目

「夜討ち・朝駆け」と「背面・側面攻撃」は、奇襲戦術の典型的なパターン。同士討ちの危険があるため、普通は夜間戦闘は避けるもの。夜討ちが効果的なのは、そんな先入観の逆を行くからだ。**背面攻撃は、崖など天然の要害を背にした相手の油断を突く戦術だ。**

背面・側面攻撃

予期せぬ方向から攻撃し、相手の混乱を誘う戦法。

鎌倉時代の話ではあるが、源義経が鵯越の断崖絶壁を馬で駆け下り、平家の陣を背後から急襲した一の谷の戦いが有名。

背後から
敵がきたぞ～

ワー

ワー

朝っぱらから……

夜討ち・朝駆け

暗いうちに兵をしのばせ、夜明けとともに戦いをしかける戦法。

月明かりしかなく、夜間の行動は避けていた時代。あえて敵の油断する夜明けを狙った。

奇襲攻撃の三か条

＊ その一　劣勢を一気に挽回したいなら奇襲攻撃を考えろ

＊ その二　相手の油断を突き、予測を裏切るのが奇襲のポイント

＊ その三　夜討ち・朝駆け、背面・側面攻撃が奇襲の成功パターン

戦に勝つために強そうなフリをして、敵をビビらせた

| お題 | 奇策 | 戦術の中には、時に大きな効果を上げはするものの、正攻法からほど遠い一風変わったものがある。いわゆる奇策である。 |

ドドド…

塩止

塩は生きるために必要な栄養素。塩のとれない山間部では、輸送ルートをふさがれると死活問題だった。

うわっ、なんて数だ！

塩

塩がな〜い

塩

擬勢を張る計

農民や町人をかき集めて、いかにもこちらが大軍であるかのように見せかける戦術。

敵に塩を送るなんて、さすが戦国の英雄！

① 戦でなく計略によって難敵を追い詰める

「塩止」は今川氏が北条氏と組んで行った計略。両者に敵対する武田信玄の領土は内陸で、塩が取れずに交易頼りだった。この計略により窮地に陥った信玄。そんな中、手を差し伸べたのが信玄のライバル・上杉謙信であった。これが「敵に塩を送る」というエピソード。また、**見せかけの兵力を仕立てて大軍に錯覚させる「擬勢を張る計」**という計略もあった。

② おとりを使って敵を陥れた

　伏兵を効果的に使った奇策が「釣り野伏せ」。九州の戦国大名・島津義久が得意とした。交戦状態になったらタイミングを見はからって敗走。伏兵のいる場所に敵を誘い込んで取り囲んだ。伏兵の攻撃に加え、おとりも一斉に反転攻撃。攻守が瞬時に入れ替わるという戦法である。

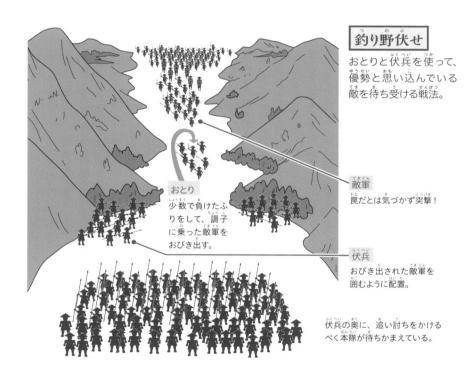

釣り野伏せ

おとりと伏兵を使って、優勢と思い込んでいる敵を待ち受ける戦法。

おとり
少数で負けたふりをして、調子に乗った敵軍をおびき出す。

敵軍
罠だとは気づかず突撃！

伏兵
おびき出された敵軍を囲むように配置。

伏兵の奥に、追い討ちをかけるべく本隊が待ちかまえている。

奇策の三か条

✳ その一　正攻法だけが勝利への近道にあらず。時には奇策を！

✳ その二　武力ではかなわぬ相手でも計略を使えば苦しめられる

✳ その三　おとりと伏兵を使った「釣り野伏せ」は効果的な戦術

おかずは質素だが軍勢に加われば たらふくお米が食べられた

| お題 | 陣中食 | 出陣から3日間、足軽たちは自前で食糧を用意した。つまり大名から食べ物がふるまわれるのは行軍4日目からだった。 |

日持ち腹持ちするものが多かったでござる

握り飯
赤米や黒米だけでなく、白いお米が提供されることも。ただし具材はなし。

珍味
その土地で取れたものを支給。獣肉や鳥、山菜など多種多様だった。

戦に出かけるときは 携行食・保存食が必須

　行軍中、足軽は1日あたり5合（約0.9リットル）の米の支給を受けていた。**これが合戦時になると倍の1升になることも。**味つけとして味噌や塩も支給されるが、支給品とは別に個人で携帯していく兵糧もあった。米を乾燥させた干し飯、梅干しなどである。

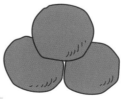

兵糧丸
米やそば粉、きな粉など、数種類の穀物の粉を混ぜて作った保存食。

何はなくとも携行食は忘れずに！

兵糧袋

たすきがけした袋の連なりが兵糧袋。主に米を入れていた。

干し飯

蒸米を粘りけがなくなるまで洗って天日干ししたもの。そのままかじったり湯で戻したりした。

打飼袋

木綿の布を袋状にしたもので、この中にも食糧を入れた。

梅干し

食べるだけでなく、消毒薬として使うことも。

干し味噌

乾燥させた味噌。板状にしたり、丸めたものもあった。

芋がら縄

里芋の茎の部分を味噌で煮て乾燥させ、縄状に編んだもの。

陣中食の三か条

* その一　行軍3日目までは、自前の携行食などを食する
* その二　行軍4日目になると、ようやく兵糧が支給される
* その三　行軍中や合戦の最中でもとりやすい携行食・保存食

ものしり度 ★★★★★

食べ物よりも飲み水を調達するほうが難しかった

お題	飲み水	食糧補給とともに大切だったのが水分補給。蛇口をひねれば水が出る現代とは違って、水の確保は容易ではなかった。

水筒を持ってるか
出かける前に必
ずチェック!

水筒

合戦に参加した足軽は竹製の水筒を各自で用意した。

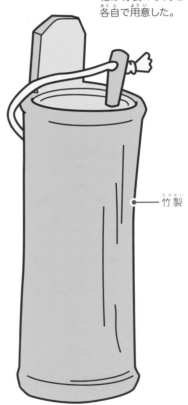

竹製

① 時には泥水をすすり草木だってかじる

　川の水を飲もうにも、敵に上流から汚物や毒を流されるおそれがある。自前の水以外は一度火で沸かしてから飲料水にした。沸かせない場合の非常手段としては、泥水を布で漉して上澄みの水を飲んだり、草木をかじって水分を吸うことで喉の渇きをいやすこともあった。

② 比較的安全に飲めるのは雨水

川の水や井戸水には、敵方が毒を投げ入れる可能性もある。そんな時に**比較的安全に飲める水が雨水だった。**現代のように大気汚染の心配もなく、安心して飲むことができた。水が手に入らない時は、梅干しを見て出てくる唾液でしのぐこともあった。

じぃ〜〜

すっぱそう

梅干しを見る
条件反射を利用した奥の手。つばが出ることで渇きを紛した。

草木をかじる
周辺に自生する草木をかじることで喉の渇きを潤していた。

泥水を布で漉す
泥水でさえも貴重な水分。腹を壊さぬよう布で漉していた。

戦ファイル

果物も水の代わりだった
水が貴重だった戦国時代。水の代わりに水分補給ができるものとして、多くの城には果物の木が植えられていた。天下をとった徳川家康も居城だった駿府城にみかんの木を植えたという。

飲み水の三か条

✳ その一　戦に出る時は水分補給のための水筒を忘れず携行
✳ その二　川の水は危険。必ず沸かしてから飲むこと
✳ その三　泥水を漉したり草木をかじってでも水分を補給せよ

武士はお香を焚くことで
いい香りを漂わせていた

お題	身だしなみ	武士といえば清潔感とは無縁の、汗臭いイメージがあるが、日頃から香を焚くことでいい香りを身にまとっていた。

ええ香りじゃ

ポワァァ〜ン

① 首実検の時に芳香が立ちこめることも

武士は日常的に香を焚いてたみたい

　容姿端麗で知られた武将の木村重成は、大坂夏の陣に豊臣方として参戦し、23歳の若さで命を落とした。その首は戦後、徳川家康に届けられるが、その際、重成の髪には香が焚き込められ、芳ばしい香りを放っていたという。家康はこれを勇者の嗜みと賞賛した。死後も名を惜しむ当時の武士らしいエピソードだ。

香炉
お香を焚くときは香炉という道具を使う。中にお香を入れて火を放つと、室内にいい香りがただよった。

② 身だしなみを整えて戦場に赴いた

　普段、焚くお香には丁子などが用いられた。丁子はチョウジノキの開花前の蕾を乾燥させたもの。また、武士は香りを身にまとうばかりではない。心身を清めるための水浴び、古来研磨の道具としてトクサを使った爪磨きなど、武士も身だしなみには気を使ったのだ。

丁子
お香には主に丁子という樹木を用いた。焚くとバニラのような甘い香りを放つ。

お香以外の身だしなみ

ザッパーン

水浴び
水浴びは武士の朝の日課。体の汚れを落とすだけでなく、身を清める意味も。

誰が見てるか
分からないしね

爪磨き
トクサという植物を加工した爪磨きの道具を使う。武士は日頃から爪を整えた。

身だしなみの三か条

* その一　お香の芳香を身にまとえば首を打たれても恥ずかしくない
* その二　水浴びは体の汚れを落とし、心身を清める大事な日課
* その三　トクサを使って爪をきれいに磨き整える

トイレで脱がなくてもいい便利な下着を身につけていた

お題　トイレ　｜　ものを飲み食いすると排泄の問題が出てくる。戦国時代の武士や足軽は、行軍や戦の最中のトイレはどうしていたのか？

ちょいと失礼しますよ

籌木

当時は紙ではなく籌木という木片でお尻をふいた。

具足下着

鎧の下につける下着。股が割れていて、どこでも用が足せた。

① 袴の股が割れていて用足ししやすかった

大でも小でも楽ちんだった

　全身を鎧や甲冑で覆われた戦国時代の武士たちは、どうやって用足ししていたのだろう。ポイントは袴にある。実は袴の右股と左股の部分は別々に分かれて作られていて、それぞれ腰紐に縫い止める構造だったのだ。**つまり股が割れているので、しゃがめば自然に股の隙間から気持ちよく排泄することができた。**

② 前みつを緩めて褌に隙間を作った

　戦国時代は、前みつ（まわし）を首からつるすデザインの越中褌や割褌を身につけていた。前みつを緩めさえすれば、股間を覆っている部分も緩んで隙間が生まれる。つまり、**脱がなくても前みつを少し緩めて隙間を作れば、その合間から排泄することができたのだ。**

前みつ

緩めま〜す

隙間

このまわし部分を緩めることで股間に隙間が生まれた。

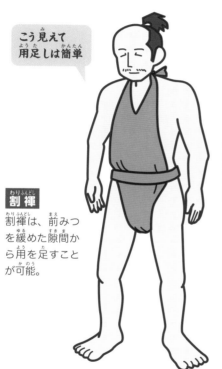

こう見えて
用足しは簡単

割褌

割褌は、前みつを緩めた隙間から用を足すことが可能。

戦ファイル

手はどうやって洗った？

石けんの渡来は戦国時代だったが、一般に普及するのはずっと時代が下った明治時代になってから。この時代は、用を足したくらいではわざわざ手を洗わなかった？

トイレの三か条

❋ その一　鎧や甲冑を脱がなくても用足しは可能！

❋ その二　袴が左右に割れているので、しゃがむだけでOK

❋ その三　当時の褌は前みつを緩めると股間に隙間が作れた

戦地へ向かう途中の休憩時間では、賭け事や酒を楽しんだ

お題	娯楽	長期にわたる戦の間、実際の戦闘のない時期もある。そんな時の兵たちの娯楽といえば、博打や飲酒などであった。

戦のストレスを酒や博打で紛らわせていたのだ

上級武士

ヒック

晩酌
上級武士は、夕食時に酒を飲みながら、話をするのが楽しみだった。

① 兵たち楽しみは酒！商いも行われていた

戦の間の楽しみはもっぱら酒だった。お祭りのように賑やかな宴会を楽しんだという。また、**陣中には多くの商人が訪れて、様々な商いを行っていた。**酒や食糧、タバコの販売、武器の修理、医者、敵兵から奪った武具の買い取りなど、商売は盛んに行われていた。

うまー

商人

飲酒
商人による酒の販売も行われ、宴会も催された。

② 賭けでアツくなって身ぐるみはがされ…

　陣中では博打も行われた。中でもサイコロを使ったものが人気。明日をも知れぬ戦場、金銭はさほど重要ではなく、食糧や衣類、武具が賭けの対象となった。**大名から貸し出された刀や武具を賭けで失う者も多く、陣中での賭博禁止令が出たケースもあったという。**

戦場の暇つぶし　人は時間的余裕ができた際に遊びたくなるもの。戦国時代の人々も当然、娯楽に興じた。

博打
サイコロを使った博打が人気
だった。衣類さえ失う者も！

娯楽の三か条

＊ その一　飲む・打つ・買う…戦場の娯楽も平時と変わらず

＊ その二　命のやりとりをする戦場でも商売は成り立つ

＊ その三　博打はエキサイトしやすいので、賭博禁止令もやむなし

ものしり度 ★ ★ ★ ★ ★

死体処理は野ざらしで鳥のエサになった

| お題 | 死体処理 | 川に流したり埋めたり。戦場における死体は様々な方法で処理された。中にはそのまま放置してしまうケースも……。 |

死体処理の種類
死体処理には、いろいろなパターンがあった。

カー

カー

放る
そのまま放置。カラスなど鳥獣のエサになった。

① 奪われたものを別のかたちで回収

「葬る」の語源は「放る」なんだってさ!

　命のやりとりが行われる戦場には、必然的に死体が残る。そうした死体に近隣の農民たちが殺到し、武具や衣類をはぎとっていくことがあった。非情に見えるかもしれないが、生活の糧である田畑を荒らされた代償と考えると筋は通る。**全裸の死体はそのまま放置され、鳥獣のエサとなることも珍しくなかった。**

② 身につけていた武具は死体の処理代がわり

　大軍同士がぶつかったあとに残されたおびただしい数の死体を、地元の有力商人などが片づけるケースがあった。報酬は死体が身につけている数々の武具。これらは修理して売り払い、死体のほうは大穴を掘るなどして敵味方関係なく埋めてしまうことが多かった。

沼に沈める
湿地が多い日本特有の地形を活かして、沼に沈めていた。

川に流す
近くを流れる川まで死体を運んで流すこともあった。

えんやこら
えんやこら

土に埋める
戦国時代の後期になると、穴を掘り手厚く土葬を行った。

黒鍬組
死体処理は黒鍬と呼ばれる小荷駄隊が担当することもあった。

死体処理の三か条

❋ その一　死体が身につけていたものはすべていただきます

❋ その二　そのまま放っておくことも死体処理法としては珍しくない

❋ その三　商人は死体の処理代のかわりに武具を回収

55

ものしり度 ★ ★ ★ ★ ☆

戦場で誰よりも先に攻撃を仕掛けると、戦国武将からご褒美が貰えた

| お題 | 論功行賞 | 合戦後には、戦功に応じて恩賞が与えられた。最も高く評価されたのは、やはり敵将の首。次は「一番の功」だった。 |

一番槍

一番最初に敵武将を槍で突いた者に与えられる称号。

先を越された

一番太刀

太刀を手に、一番最初に敵を攻撃した者にも恩賞が与えられた。

やられた！

① 最高の武功を求めて敵陣へ一番乗り！

恩賞ほしさでもいいじゃない

　武功のうちでも最高とされたのが敵の大将首。次に高いのが、戦が始まってから最初に敵の首をとる「一番首」だった。最初に敵将に槍で突く「一番槍」で攻撃する「一番太刀」など「一番の功」は価値が高い。いずれも恩賞の対象となるため、武士たちは戦の幕が上がると競って敵陣に突入した。

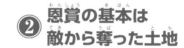

俺は立派に
果てたぞ…！

敗死の功
壮絶な討死をすると、一族までが
評価の対象となる。

知行地
敵から取り上げた領
土。年貢が収入源と
なる。

褒美じゃ、
受け取れ！

大名の愛刀
主君の愛刀を授かる
ことは、家臣にとっ
て何よりの名誉。

② 恩賞の基本は 敵から奪った土地

　壮絶な討死をした場合、本人のみならず、その一族までが高く評価されることがあった。これを「敗死の功」という。**恩賞の基本は領地で、敵国から切り取った土地が知行地として武功をあげた家臣に与えられる。**主君の愛刀や愛馬などが与えられることもあった。

論功行賞の三か条

* その一　敵の大将を討てば戦に勝つ。つまり最高の武功は大将首！
* その二　一番槍や一番太刀など、「一番の功」は価値が高い
* その三　恩賞の基本は土地だが、主君の愛刀をもらえる場合も

勝った国の兵士は強盗などの悪さをしても〇Kだった

| お題 | 略奪 | 合戦に勝利した大名は、従軍した兵たちへの恩賞の意味で、敵地における略奪行為を容認していた。これを乱取りという。 |

戦国の世のならいとはいってもひどいよね…

逃げるんじゃないぞ

つかまっちゃったよ〜

① 勝者が敗者から何もかも奪った

　勝者の特権として、足軽雑兵による敵地での略奪が許されていた戦国時代。田畑を荒らし、民家に押し入り、金目のものを根こそぎ奪う。**女性は暴行され、抵抗する者は殺された。**また、女性や子どもをさらって奴隷として売りさばくことも、当たり前のように行われていた。

生け捕り
女性だけでなく子どもも生け捕り、抵抗する者は殺された。

コケー

略奪
作物や家財道具など、あらゆるもの
を略奪。

　戦の勝者によって行われる略
奪行為は「乱取り」と呼ばれた。
戦場で得たものは自分のもの。
そんな価値観が通用した時代な
らではだが、大した恩賞ももら
えない足軽雑兵たちにしてみれ
ば、戦のモチベーションとなり
得る。したがって大名側もこれ
を容認していた。

放火
家屋に火を放つ行
為には、敗戦国の
復興を妨げる意味
もあった。

助けて〜

暴行
敗戦国の女性を襲った上、奴隷とし
て売買することも。

略奪の三か条

✳ その一　勝者は敗者からあらゆるものを奪うのが戦国のならい

✳ その二　「乱取り」の異名どおり、家財道具だけでなく人も奪った

✳ その三　恩賞の少ない足軽たちにとって略奪は戦のモチベーション

戦に負けると家来にされたり遠くに流されたりと散々な目に遭った

| お題 | 敗戦国 | 勝者は領土を拡大して富を築き上げられる。一方の敗者には、討死・臣従・人質・流罪など奇酷な運命が待っていた。 |

敗者の運命

負けた者に待ち受ける奇酷な運命には、選択肢がいくつかあった。

降伏するので
攻撃はやめて〜！

後のことを考える
と討死が楽かも

① 負ければ命が ないのが戦国乱世の掟

　討死は、武士の死に方としてはまだ良いほうかもしれない。とはいえ名のある武将は、切られた首が敵本国に送られたのち、さらし首になることもあった。敵に捕まるのは、武士として最大の恥。負ける可能性が高い場合は自刃して果てる者も多い。籠城戦で、城主が自らの切腹と引き換えに城兵の助命嘆願をすることもあった。

人質を提供

余力を残して降伏すると、人質を出すことで停戦にできた。

② 生きてさえいれば 逆転のチャンスも?

討死せず、自刃もかなわず、敵に捕らえられてしまったとき、運命は相手にゆだねられる。**打ち首や、島流しを言い渡されることが多かったが、敵に臣下として仕える例も少なからずあった。**敵も戦闘継続を望まない場合など、人質を差し出すことで許されることもあった。

これからは
ワシのために
尽くせ!

はは～

臣従

敵将の配下に加わることで命は保証された。

流罪

遠くの島へ流され、監視のもとで流人生活を余儀なくされた。

全部、ワシの
土地だったのに…

和睦

領国の一部を割譲するという条件で、降伏を受け入れる。

敗戦国の三か条

✳ その一　最後まで戦って討死するも良し、自刃して果てるも良し

✳ その二　生き延びたければ敵に臣従を誓うのもひとつの選択肢

✳ その三　余力がある時は、人質を出して停戦に持ち込める場合も

負けてしまった戦国武将は切腹させられることもあった

お題 死に方

戦死・切腹・落ち武者狩り…戦に負けた側には、死という最悪のケースが待ち受けていることも少なくなかった。

負けたとたんに立場が入れ替わるんだね

落ち武者狩り

田畑を荒らされた恨みを胸に、農民たちは敗残兵の命を狙った。

① 敗者を追い立てる悪夢の落ち武者狩り

負けた側の将兵が、再起を期して戦場から逃亡を図ることがある。しかし落ち延びるのは容易なことでなく、敵の足軽や近隣の農民による落ち武者狩りにあうことが多かった。**特に農民は田畑を荒らされた怒りから、執拗に落ち武者を追い立て、武具や金品を奪った。**

討死

総大将が戦場で殺されると敗戦が確定。

ぐは…

② 「十文字腹」が理想の切腹とされたが…

通常の切腹は、腹を一文字に切るもの（一文字腹）。一方で理想の切腹法とされたのが、その後でさらにみぞおちからへそ下まで切り下げる十文字腹だ。**壮絶な痛みを伴うため、最後までやってのけた者は稀。**そんな中、豊臣秀吉に敗れた柴田勝家は、十文字腹を切った後、自ら内臓を引き出したといわれている。

切腹の作法

切腹には検分役や介錯人などがつく。儀式的な要素があった。

**十文字腹とか…
絶対にムリ！**

介錯人
腹を切った後に首を切る人。

切腹人
切腹する者。一文字に切った後に縦に裂く「十文字腹」が理想とされた。

検分役
切腹を見届けて、その旨を主君に報告する見定め人。

長柄所役
切腹人と検分役に酒を注ぐ役。柄の先を右手で持つのが作法。

死に方の三か条

＊ その一　勝者と敗者の明暗がはっきり分かれるのが戦場の掟

＊ その二　戦場で命を落とさなくても死の淵からは逃れられない

＊ その三　落ち武者狩りに切腹。負けた将兵に待つのは悲惨な死

戦国時代の傷の手当は 手荒くとても痛かった

我慢しろ

いたたた！

引き抜くぞー

麻酔もなしに行うのが戦国流の治療法

　刀で斬られたり槍で突かれてケガをすると、金瘡医という医者が手当にあたったが、そのやり方は手荒なもので、突き刺さった槍や鉄砲玉をペンチのような器具「ヤットコ」で麻酔もせずに引き抜いた。そのため、あまりの痛さに気絶する兵もいたとう。また、兵士の仲間内で治療することも多かったが、木の葉を傷口にあてるだけだったり、傷口に塩を擦りつける荒療治だったりした。中には馬の糞を煮た汁や、モグラの黒焼きを粉末にしたものを飲ませるといった、まるでおまじないのような治療法も行われていた。

武具の巻

武士が身につけていた武器や防具

戦場において己の命を懸けて戦っていた武士たち。彼らの武器や防具、その他の装備品について、名称から使い方まで詳しく追います

槍は最初に敵と交戦する
足軽兵たちの必須アイテム

お題 | 長槍 | 刀や弓と比べて簡単に扱える実践的な武器として、広く使われていた槍。兵士たちはどのように扱っていたのだろうか。

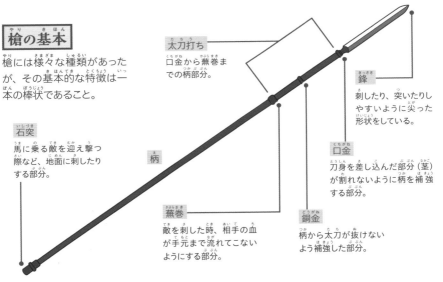

槍の基本

槍には様々な種類があったが、その基本的な特徴は一本の棒状であること。

太刀打ち
口金から蕪巻までの柄部分。

鋒
刺したり、突いたりしやすいように尖った形状をしている。

石突
馬に乗る敵を迎え撃つ際など、地面に刺したりする部分。

柄

口金
刀身を差し込んだ部分（茎）が割れないように柄を補強する部分。

蕪巻
敵を刺した時、相手の血が手元まで流れてこないようにする部分。

銅金
柄から太刀が抜けないよう補強した部分。

① 少し離れた敵に対して有効な武器

戦い慣れていない足軽には扱いやすかったのだ

　槍のように柄の長い武器は間合いを広くとれるため、敵より早く攻撃できる。**特に騎馬武者など、刀では届きにくい距離にいる相手に対して有効な武器だった。**戦国時代に足軽が使った槍の長さは約3.6mから5.4mが一般的。しかし中には、約6.4mという長槍が使われていたなど、軍ごとに特色があった。

② 槍はしごくように「繰り出す」

　柄の長い武器である槍は両手を使って突く際、水平にしごくように使われた。**相手に近い方の手を柄に添え、もう一方の手で槍の尻近くを握って前後に素早く動かすのだ。**ちなみに、美濃（岐阜県）の戦国大名・斎藤道三は槍の先に針をつけ、吊るした硬貨の穴を通す訓練をして腕を磨いたという。

 構え方　左手を前、右手を後ろにして構える。ただし、槍の使い方を習っていない者は、叩いたり振り回したりが多かった。

立身
まっすぐに立って構える。

前掛け
右足に体重をのせ、両腕を持ち上げて構える。

仁王腰の構え
右足を内側に曲げて、重心を低く構える。

握り方　左手での柄の握り方には、基本的な3パターンがあった。

パターン1：下から握る　　　　パターン2：上から握る　　　　パターン3：上から握り込む

　左手を前にした姿勢の場合、上図のいずれかのように握った。ただし、槍の長さが2.5mを超えると繰り出す動作が難しくなるため、握り方にこだわることなく臨機応変に戦った。

◀━━ 長槍の三か条 ━━▶

✳ その一　槍は離れた敵と有利に戦える武器である

✳ その二　槍は刀や弓ほど練習しなくても扱うことができる

✳ その三　槍は長いほど有利だが、そのぶん扱いづらくなるので注意すべし

勝敗は数で決まる!?　相手を圧倒した長槍による集団戦法

お題　**続・長槍**

槍の力を最も生かせたのが、足軽による集団戦法だ。戦の勝敗を左右する重要な槍戦法を紹介する。

槍衾
石突近くを持ち、なるべく隙間を作らないよう隣の兵と槍を交差させた。

① 足軽による長槍部隊の集団戦法、その名も「槍衾」

刺さったら痛いでござるな

　長槍を使った戦いに「槍衾」と呼ばれる集団戦法があった。槍の長さを最大限に生かすため、石突（槍の端）を深く握った足軽たちが密集した隊列を組んで、隙間なく進軍するのである。ずらりと並んだ多数の槍は、敵からは突破不可能な巨大衾に見えた。なお、衾とは平安時代の掛け布団のことである。

② 槍を振り上げ叩いて叩いて叩きまくる

　槍同士の激突は、槍による叩き合いへと発展する。槍は鋒を使って攻撃するものと考えがちだが、**実際には敵に反撃の余裕を与えないよう、とにかく叩いて叩いて叩きまくるという戦法**がとられた。合戦の序盤を飾る足軽同士の槍衾戦が戦の勝敗を決めることも珍しくない。

敵に穂先を上げさせないよう、先手をとって叩きまくる。

敵を迎え撃つ時は、槍兵リーダーの号令で一斉に叩き始める。

いてっ

投擲

　槍の使い方はまだある。例えば、相手に投げて隙を作り、その間に刀を抜いて突進するという戦法だ。生きるか死ぬかの戦場では、このような戦法もよく用いられた。

うっ

①槍を相手に向かって投げる。

②驚いた敵に一気に近づき、刀で攻撃。

続・長槍の三か条

* その一　「槍衾」は長槍を用いた代表的な集団戦法
* その二　集団戦において、槍は突くものではなく叩くものと知れ
* その三　足軽による長槍の集団戦法が合戦の勝敗を左右する

足軽が使っていた刀は、斬るだけでなく叩いて使うこともあった

お題　打刀

武士の武器として最初に思いつくのが刀である。武士から足軽まで幅広く使われた刀を詳しく説明する。

打刀の構成

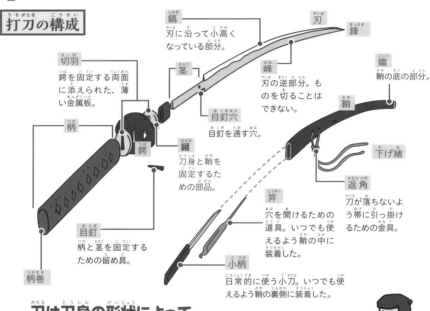

鎬
刃に沿って小高くなっている部分。

刃

鋒

切羽
鍔を固定する両面に添えられた、薄い金属板。

茎

峰
刃の逆部分。ものを切ることはできない。

鐺
鞘の底の部分。

柄

目釘穴
目釘を通す穴。

鞘

鍔

鎺
刀身と鞘を固定するための部品。

下げ緒

返角
刀が落ちないよう帯に引っ掛けるための金具。

目釘
柄と茎を固定するための留め具。

笄
穴を開けるための道具。いつでも使えるよう鞘の中に装着した。

柄巻

小柄
日常的に使う小刀。いつでも使えるよう鞘の裏側に装着した。

① 刀は刀身の形状によって「直刀」と「彎刀」に分けられる

この時代、刀は予備の武器だったよ

刀には様々な種類がある。刀身がまっすぐなものを「直刀」といい、反りのついたものを「彎刀」という。**現在、われわれがイメージする日本刀は彎刀である。**さらに、彎刀は刀身の長さによって「太刀」「打刀」「脇差」「短刀」に分けられる。戦場では一般的に武士が太刀を、足軽が打刀を使っていた。

❷ より実践的な刀として誕生した「打刀」

ともに長さが2尺（約60cm）以上といわれる「太刀」と「打刀」。その違いは刀身の反り具合だった。**主に武士が使った太刀は、反りが大きく馬上からの斬撃に適していたという。**一方、打刀は太刀より短く、反りも浅かった。そのぶん、扱いやすくスピードにも優れていたことから、練度の低い足軽に適していた。

刀の使い方

斬るよりも叩いたりするのが当時の刀の扱い方だった。

イタ

打って叩く
切った相手の血などで切れ味が悪くなった場合、刀を鉄の棒として、相手を叩くのに使った。

えい

トドメの一撃
槍などで仕留めた場合でも、首をとるため刀でトドメを刺した。

抜刀の仕方

鞘から刀を抜いて相手に斬りかかる場合、刃を上に向けるか、下に向けるかで、斬りつけ方が異なる。

刃を上に向ける場合
刃を引き抜き、刃を相手に向けて構える。

一旦構えてから切りつけるため、ワンテンポ遅れてしまうという難点がある。

刃を下に向ける場合
刃が左横を向くように鞘をひねり、手首を反らせた右手で抜刀する。

抜きざまに刃が相手の方を向くため、ひとつの動作で切りつけることができる。

打刀の三か条

✳ その一　彎刀こそが日本刀の基本形である

✳ その二　馬上からの攻撃には、長く、反りの大きい太刀を用いるべし

✳ その三　足軽は扱いやすい「打刀」を使って戦うべし

遠くにいても要注意!
弓矢の飛距離は400mもあった

お題	弓矢	遠く離れた敵を倒せる飛翔武器「弓」。戦国時代の弓はどれほどの性能だったのかを紹介する。

てい

射形① 割膝
戦場で弓を構える時の基本姿勢。左ひざが地面についているので安定感がある。

射形② 遠矢前
矢文(矢に手紙をつけて遠くにいる相手に届けること)を射る時の構え方。鏃を上に向けることで、より遠くまで飛ばすことができる。

① 造りが複雑な弓は扱うのに 熟練の技を必要とした

近距離なら
鎧も貫通したよ

　人類が発明した最初の飛翔武器といわれる弓矢。最初、1本の木を削って作られていた弓は、よくしなる竹を組み合わせることで画期的な進化を遂げた。**戦国時代に使われた弓胎弓の射程距離は400m以上だったといわれる。**造りが複雑で扱うには熟練の技を必要としたが、戦場では主力の武器であり続けた。

② 戦場で弓矢を使うには矢を携帯するための道具が必要

　弓を使って攻撃するためには、なるべく多くの矢を用意しなければならない。**いつでも矢を射れるよう、弓兵は常に予備の矢を腰につけたり、背中に背負うなどしていた。**主な携帯道具は「空穂」と「箙」。空穂には矢が汚れず傷まない、箙にはたくさん収納できて取り出しやすいというメリットがあった。

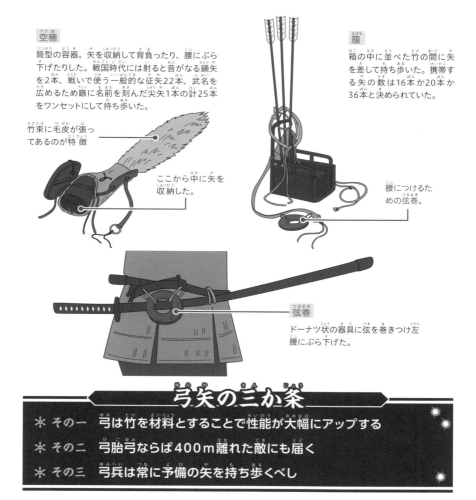

空穂

筒型の容器。矢を収納して背負ったり、腰にぶら下げたりした。戦国時代には射ると音がなる鏑矢を2本、戦いで使う一般的な征矢22本、武名を広めるため鏃に名前を刻んだ尖矢1本の計25本をワンセットにして持ち歩いた。

竹束に毛皮が張ってあるのが特徴

ここから中に矢を収納した。

箙

箱の中に並べた竹の間に矢を差して持ち歩いた。携帯する矢の数は16本か20本か36本と決められていた。

腰につけるための弦巻。

弦巻

ドーナツ状の器具に弦を巻きつけ左腰にぶら下げた。

弓矢の三か条

✳ その一　弓は竹を材料とすることで性能が大幅にアップする

✳ その二　弓胎弓ならば400m離れた敵にも届く

✳ その三　弓兵は常に予備の矢を持ち歩くべし

ものしり度 ★ ★ ★ ★ ★

戦に慣れていない兵士でも、鉄砲なら使いこなせた

| お題 | 鉄砲 | 威力があるのに扱いが簡単。その登場で戦のあり方を一変させた鉄砲の性能は意外にも高かった。 |

火縄銃の各部名称

鉄砲の製造技術を学んだ刀鍛冶たちによって部品のひとつひとつが製造されていった。

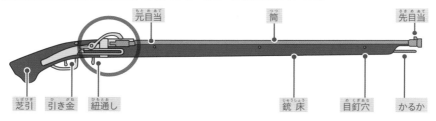

元目当　　筒　　先目当

芝引　引き金　紐通し　銃床　目釘穴　かるか

点火装置

火縄を火皿に落とし、火皿に乗せた火薬から銃身の火薬に引火させるための装置。

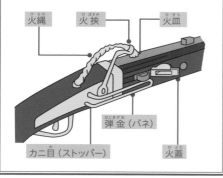

火縄　　火挟　　火皿

弾金（バネ）

カニ目（ストッパー）　火蓋

南蛮由来の
新兵器でござる

① 戦国時代の火縄銃は100m離れた厚さ3cmの板を撃ち抜いた

　戦国時代の鉄砲といえば「火縄銃」。火のついた縄で火薬を引火させたことから、その名が付いた。最大射程距離は700m。ただし、敵に致命傷を与える有効射程距離は100mほどで、厚さ3cmの板を撃ち抜けたという。戦の形を変えた鉄砲は、鉄の扱いに長けた刀鍛冶たちの手で量産されていった。

② 連射が利かない火縄銃は30秒に1発しか撃てなかった

火縄銃は使い方がシンプルなため、刀や弓と違って武術の心得のない足軽にも扱えた。しかも、その威力は凄まじく戦場で大きな成果を上げられた。**ただし、当時の火縄銃には連射ができないという欠点があった。**発射までいくつもの工程があるため、1発撃つと次の発射まで30秒程度の準備時間が必要だったのである。

よーく狙って…

発射の仕方

①弾を発射させるために使う粒状の火薬を銃口から入れる。

②火縄銃の場合、弾は銃口から入れる。

③かるかと呼ばれる長い棒を使って火薬と弾を銃口の奥に押し込む。

④火蓋を開け、火皿に着火しやすい粉状の火薬を入れる。

⑤火蓋を閉じて、点火済みの火縄を火挟に挟む。

火挟

火皿

⑥引き金を引くと火挟を留めていたバネが戻って火縄が火皿に打ち付けられる。

⑦火皿の火薬に引火し、次に銃身に詰めた火薬に引火。弾が発射される。

鉄砲の三か条

✳ その一　火縄銃の有効射程距離は100mである

✳ その二　武術の心得のない者でも簡単に扱え、戦果が出せる

✳ その三　1発撃てば次の発射まで30秒かかることを忘れるな

これぞ武器の大本命!?
戦国最強の合戦兵器・大砲

お題

大砲

鉄砲に続いて、日本にもたらされた大砲。合戦に使われるようになった当時の大砲とは、どのようなものだったのか。

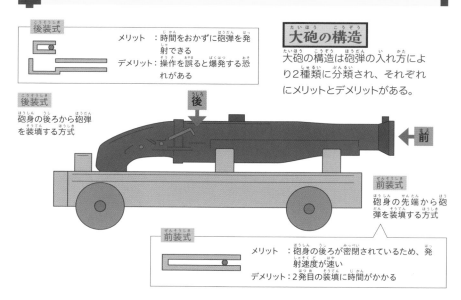

後装式

メリット：時間をおかずに砲弾を発射できる

デメリット：操作を誤ると爆発する恐れがある

大砲の構造

大砲の構造は砲弾の入れ方により2種類に分類され、それぞれにメリットとデメリットがある。

後装式
砲身の後ろから砲弾を装填する方式

後

前

前装式
砲身の先端から砲弾を装填する方式

前装式

メリット：砲身の後ろが密閉されているため、発射速度が速い

デメリット：2発目の装填に時間がかかる

① **圧倒的な破壊力を持つ日本初の大砲「国崩し」**

大砲は戦国時代の終わり頃に登場したのだ

　日本に最初にもたらされた大砲はフランキ砲という種類で口径（弾の発射口）は約9.5cm、砲身は約2.8mだった。**その圧倒的な威力から「国崩し」と名付けられた。**当時の大砲は砲弾の重さをもとに3種類に分類された。100匁（375g）未満を「大鉄砲」、1貫目（3750g）未満を「大筒」、1貫目以上を「石火矢」と呼んだ。

② 持ち運びが大変だったため、当初は海戦や城攻めに利用

　大砲の弾を飛ばすメカニズムは基本的に火縄銃と同じ。ただし、重量があり持ち運びが難しかったため、当初は船に載せて海戦に使ったり、動かない城を狙った城攻めに使われていた。**はじめこそ運用方法が限られていたが、運ぶ技術の向上とともに、次第に戦国最強の合戦兵器となっていった大砲は、次第に国内でも製造されるようになった。**

大砲の種類　実際の戦場で使われていた大砲について、いくつかのタイプを紹介する。

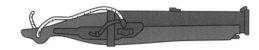

大筒
鉄砲を大きくしたもの。兵士が抱えて撃つタイプと置いて撃つタイプがあった。

和製大砲
石火矢の一種。前装式が採用され、城壁を破壊するほどの威力があった。

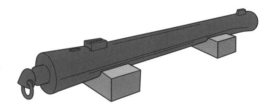

フランキ砲
石火矢の一種。後装式が採用されている。台座に固定して使われた。

大砲の三か条

✳ その一　大砲はとにかく重いが威力は抜群

✳ その二　大砲は砲弾の重さによって3種類に分類するべし

✳ その三　砲弾を前から入れる「前装式」と後ろから入れる「後装式」がある

火薬を用いたハイテク兵器と、敵に石を投げつけるアナログ兵器

お題 　火器と投石

種子島に鉄砲が伝来して以降、戦場に次々と登場した火薬を用いた新兵器。また、古くより石を使った武器もあった。

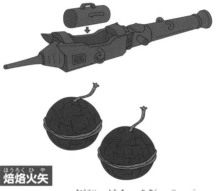

フランキ砲

あらかじめ船や城壁に備え付けて使った。海戦や城郭戦で威力を発揮した。

メリット	：石垣や櫓を一発で破壊できる
デメリット	：大きく重いため、持ち運びが困難

焙烙火矢

どんぶりのような球形の容器に火薬を詰め込んだ。爆風や火炎、爆発音など、どれも効果が高かった。

メリット	：殺傷力が高く、炎や風での攻撃もできた
デメリット	：自軍で暴発した場合、被害が大きい

馬上筒

短く軽い、持ち運びが簡単な片手撃ちの火縄銃。護身用としても人気だった。

メリット	：携帯しやすい
デメリット	：射程距離が30mと短い

① 焙烙火矢は恐るべき破壊力を持った手榴弾

焙烙火矢は忍者も得意としたよ

　「焙烙火矢」は、火薬を詰め込んだ容器を敵に投げつける武器。**手榴弾に似たもので、中に鉄片などを入れて殺傷力を高めていた。**木製の船が中心だった戦国時代では、敵船を燃やす目的で海上戦にも頻繁に使われた。なお、「フランキ砲」も、火薬を用いた新兵器のひとつである。

② 射程距離を犠牲にしたことで機動性を得た馬上筒

「馬上筒」は馬に乗りながら撃てた火縄銃だ。本来、火縄銃は銃身が長く弾込めに手間がかかるため、馬上で撃つことはできない。しかし、この武器は射程距離こそ30mと短めだが、銃身が短くて軽く、片手撃ちが可能であった。護身用の武器にも適していたことから、江戸時代にはさらに普及した。また、アナログではあるが、投石もよく使われた。

シンプルながら威力の高かった投石武器

火薬を使ったハイテク武器が次々と戦場に投入される一方で、古くからのアナログ武器も依然猛威を振るっていた。その代表といえるのが投石武器である。

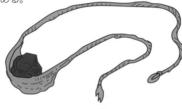

投弾帯

全長130cmほどの紐。中央部分は石を包めるよう幅広につくられている。

投石の手順

遠心力を利用することで、石をより遠くに投げられた。

①投弾帯の広い部分に石を置き、帯を半分に折って両端を握る。

②手首を中心にして、時計回りに回転させる。

③勢いがついた石を遠くに投げる。

火器と投石の三か条

✴ その一　火薬を使った武器には、戦力差を簡単に覆す力がある

✴ その二　焙烙火矢は火薬が入った容器を敵に投げつける手榴弾のような武器

✴ その三　馬上筒は片手で撃てるピストル型の火縄銃

ものしり度 ★ ★ ★ ★ ☆

足軽たちの武器は
自前もしくはレンタル品だった

お題　**足軽**

戦国時代、合戦に際しての戦支度はすべて自分でしなければならなかった。兵士たちはいったい何を用意していたのだろう。

自前の武器の種類

合戦に参加する足軽は、そのほとんどが農民だった。そのため農具を武器として持参する者が多かった。

竹槍
竹の先端を尖らせたもの。タダ同然で用意できる最も簡易的な武器だった。

鎌
草や芝を刈る時に用いる農具。一応刃があるものの殺傷力は低い。

オラたちも戦うだ

鋤
田畑を耕すのに欠かせない農具。当然ながら戦闘力は低い。

① **戦に必要な武具や道具は各自が自分で調達していた**

戦の参加者の8割は農民だったって話だよ

　テレビや映画で見る合戦シーンでは、足軽隊はお揃いの防具を身につけているため、それらは支給されるものと思われがちだ。しかし実際は武具や防具だけでなく、怪我を負った際の薬や布団代わりのムシロ（ゴザのようなもの）、食糧なども各自で用意しなければならなかった。ただし、レンタル品を除いては…。

② 自分で用意できない者のため、レンタル品が存在した

　どうしても武器や防具を用意できない者に対しては、各国の戦国大名が御貸刀や御貸具足と呼ばれる武器や防具を貸し出すようになった。それまで、武器を持っていない者は農作業に使われる鎌や鍬、また竹槍や木刀、石などを持参していたことを考えると、レンタルによって足軽の戦力は飛躍的に向上したといえる。

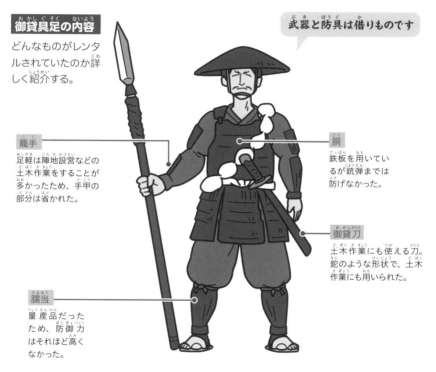

御貸具足の内容

どんなものがレンタルされていたのか詳しく紹介する。

武器と防具は借りものです

籠手
足軽は陣地設営などの土木作業をすることが多かったため、手甲の部分は省かれた。

胴
鉄板を用いているが銃弾までは防げなかった。

御貸刀
土木作業にも使える刀。鉈のような形状で、土木作業にも用いられた。

臑当
量産品だったため、防御力はそれほど高くなかった。

足軽の三か条

✴ その一　合戦時の武器や防具は自分たちで用意すべし

✴ その二　刀や槍を持たない者は鎌や鋤を武器として持参してもよい

✴ その三　どうしても自分で揃えられない者はレンタル武具を使用すべし

鉄砲だって耐えられる！
戦国時代の鎧は軽くて丈夫

| お題 | 甲冑（かっちゅう） | 弥生時代（紀元前〜3世紀頃）にはあったといわれる鎧。時代にともなう戦い方の変化に合わせて、どう進化していったのか。 |

鎧は戦国時代、飛躍的に進化したのだ

当世具足の構成

兜
伝統的な形状から軽量で実践的なものまで様々な種類がある。

咽喉輪
急所である咽喉を覆って守る。

小鰭
肩を守る。また籠手とつなぐことで肩の隙間をカバーする。

袖
前時代の鎧と形状は同じだが、より軽量化されている。

面具
無防備な顔面を守るための装備。

襟廻し
背後の攻撃から首回りを守った。

胴
上半身から腰までを広くガードする。鉄板を使っているので槍や鉄砲の攻撃からも身を守る。

草摺
腰まわりや太腿を守る。

佩楯
太腿から膝を守る。

籠手
革や鉄製で腕から手の甲にかけてを守る。

臑当
臑を守る。布に鉄板や鎖が縫い付けられている。

① 戦国時代、戦い方の変化に合わせた「当世具足」が登場

　最初の鎧が誕生したのは弥生時代。そして、武士が登場した平安時代には騎馬や弓を射るのに適した「大鎧」が誕生した。主に騎馬にまたがる武士が身につけた。一方、足軽などの歩兵は「胴丸」と呼ばれる簡略化した鎧を用いた。鉄砲が登場すると戦い方の変化に合わせた「当世具足」が誕生した。

② 軽量化によりスピード重視の戦い方に対応

当世具足の当世とは、現代という意味。つまり当時の最新モデルだったということだ。重さは大鎧より15kgほど軽く、スピード重視の戦いに対応。さらに刀や槍への対策として、隙間がないよう作られており、火縄銃に耐える強度も併せ持っていた。そのデザインは様々で、中には西洋甲冑を流用したものもあったという。

胴の形状

当世具足の胴は使用者の好みによって材料や形状が異なる。時には防御性よりもデザインが優先されることがあった。

桶側胴
鉄板を縦に接合した胴の基本形。比較的軽く、防御性も高かった。

仏胴
表面がなめらかで1枚の鉄板で作られているように見える。実際は継ぎ目が見えないよう加工されていた。

畳胴
長方形の金属板を鎖で繋げた胴。鎖部分が自由に動くのでたたんで持ち運べた。

南蛮胴
西洋甲冑を真似た胴。前面の中央部を盛り上がらせることで砲弾や槍先をそらすことができた。

身分による装備の違い

足軽
簡易的な具足で防御性は低かった。

武士
身分の上下によってバラつきはあるが、基本的に防御性が高い。

大将
変わり兜や陣羽織を装着するなど、自立つ格好で指揮をとった。

甲冑の三か条

✳ その一　最初の鎧は今から2000年以上前の弥生時代に登場した

✳ その二　戦国時代、戦い方の変化に合わせた「当世具足」が誕生

✳ その三　スピーディな戦いに対応すべく、当世具足はより軽量に

兜は防御性だけでなく デザインも大切だった

お題	兜	日本で独自の進化を遂げた兜は防御性に加え、デザイン性も重視された。いったいどんな兜が作られたのだろう。

個性的な兜が
たくさんあった

天下をとるぞ！

織田信長の兜
威風堂々とした重厚感のあるデザインが目を惹く。前立に家紋が配置されていた。

① 当世具足の時代に 流行した変わり兜

　日本独自の大鎧の登場にあわせて、「星兜」や「筋兜」といった独特の形をした兜が誕生した。兜は最大の急所である頭を守るという重要な役割があるが、この時代に登場したものは防御性だけでなく、装飾性も重視された。当世具足の時代になると、さらなるデザイン性を追求した「変わり兜」が流行した。

② 戦場で目立つため兜はより個性的に

　変わり兜は実用性以上に、戦場で「誰よりも目立つこと」が重視された。**防御性を高めるのであれば鉄製が最適だが、あえて防御力の低い革などを素材として使われることもあったという。**また、特殊な素材やデザインの「前立（兜につける飾り）」で個性を示すこともあった。そのモチーフは動植物や楽器など、様々だった。

兜の種類

南蛮形兜
鉄板を真ん中で貼り合わせて、中央に筋を立たせた。

星兜
鉄板を鋲でつないだ兜。平安時代から使われていた。

頭形兜
戦国時代に使われた一般的な兜。丸みのある形が特徴。

筋兜
鉢に使われた鉄板の接ぎ目が筋状になっている。

突盔形兜
筋兜を簡略化したもの。頭部が尖っているのがポイント。

有名武将が使ったデザイン兜

本多忠勝
雄々しい鹿の角がついた黒塗りの兜。

伊達政宗
大きな三日月の前立がついていた。

黒田官兵衛
お椀を模した独特なデザインが秀逸。

兜の三か条

＊ その一　戦国時代の兜は防御性よりデザイン性が優先される

＊ その二　兜の役割は戦場で目立つこと

＊ その三　様々な素材やデザインの前立で自己主張

敵の攻撃から守るため、どんどん顔を隠すことになった

お題　面

顔を攻撃されると戦闘力が落ちてしまう。そこで登場したのが、顔を守る「面」だ。

面具の防御性

顔全体を覆うことによって、防御性は上がっていった。

半頬　守る部分：頬とアゴ

敵の刀や槍、矢の攻撃から頬とアゴを守るためのもので、首を守る「垂」をつけることもあった。

垂

咽喉輪

惣面　守る部分：顔全体

顔全体を隠す面で、パッと見て敵が驚いたり怖がったりするよう、金歯や大きなヒゲをつけたりした。

半首　守る部分：額と頬

額と頬を守る面で、目と鼻と口の部分が開いている。咽喉輪は、文字通り咽喉を攻撃から守る防具だ。

① 鎧や兜など甲冑では守れない顔や首を守る「面」

表情が分からないから、威圧感があるね

　甲冑で体を守れても、顔を攻撃されたら致命傷になりかねない。そこで**室町時代頃から使われはじめたのが「面具」である。**「半首」と呼ばれる「面」は、鍛鉄製で黒漆塗り。見た目に恐ろしい印象を与え、向かってくる敵を威圧した。

デ～ン

② より強力で、顔全体を覆う「惣面」

「半首」は額と頬など顔の上部を防御できたが、やがて顔の下部をかこむ「半頬」が作られ、さらに顔全体を覆う「惣面」が登場する。これは**西洋の兜から影響されたデザインであると考えられている**。戦国時代において面は鎧や兜と同様に、ファッション性に富んでいたのだ。

「惣面」で顔を隠してしまえば誰だか分からなくなる。立派な甲冑を身にまとえば大将の替え玉、つまり影武者となって、敵をあざむいた。

面の三か条

※ その一　目など、顔への攻撃は戦闘力をなくしてしまうから「面」で防御した

※ その二　顔半分ではなく、顔全体を覆って防御する「惣面」が登場

※ その三　顔が見えないことを利用し、影武者を作って敵をあざむいた

搔盾、手盾、竹束など、防御のための盾の装備もあった

| お題 | 盾 | 最初は板の裏に取っ手がついた「手盾」だったが、やがて地面に固定する「搔盾」が登場した。 |

搔盾

高さは人の目線、横幅は人の身幅程度が基準とされていた。この盾の陰で弓矢をしのぐことができたが、鉄砲の弾丸は貫通してしまう。江戸時代になると、鉄砲を撃つために開閉できる窓をつけたものも登場した。

時代劇ではあんまり見かけない防具だね

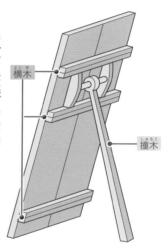

横木

撞木

① 手で持つ盾から、地面に固定する「搔盾」に進化した

「盾」は当初、手で持つ小さな「手盾」だったが、**これだと刀や槍を持てないことから、地面に固定するタイプの「搔盾」に進化していった。**幅50cm、高さは150cmで、裏面に撞木という支えをつけ、兵が隠れて前に進むことができた。

手盾

兵が片手で持って飛来する矢などを防ぐもので、横40cm×縦5〜60cmのコンパクトサイズ。

② 鉄砲の時代になると「竹束」の盾が作られた

　戦国時代になると鉄砲＝火縄銃が使われだす。「搔盾」では銃弾の弾を防げなかったので、竹を何本も束ねた「竹束」が登場した。当時の火縄銃は威力が強くなかったので、竹の面に当たると弾かれて角度が変わり、兵に当たる確率が少なくなったのである。

竹束

竹束は主に城攻めの際、敵の鉄砲玉を防ぎながら前進していく時に使われた。鉄板を使えば効果的だが、当時鉄は貴重であったため、使えなかったのだ。

移動中は…

「搔盾」の場合、兵が裏面の撞木を手で持ち、身を守りながら敵に向かって進んでいった。

撞木を肩にかついで運べば、後方からの敵の攻撃も防げた。

盾の三か条

* その一　手盾よりも搔盾の方が防御力が高かった
* その二　矢から鉄砲へと武器が進化したことで、「竹束」が生まれた
* その三　防御性の高い鎧があったので、「盾」はさほど使われなかった

ものしり度 ★ ★ ★ ★ ☆

武士たちが狙っていた敵の急所は、鎧にある少しの隙間

お題 急所 | 致命傷を防ぐための鎧兜だが、攻めどころがないわけではない。敵を討つべき時に狙う急所とは？

介者剣法

甲冑を身に着けると防御力は高まったが、重いので転倒することがよくあった。そこで膝を曲げて腰を落とす剣法スタイルをとった。

実戦的な戦法

敵が振り下ろしてきた刀を防具の籠手で防ぎながら、相手の首や脇の下などを刀で突くという戦法である。

刀は斜めに構える。

目を突かれないように、上目遣いに相手を見据える。

足を広げ腰を落とし、跳んで歩く。

左の籠手で刀を受け止め、懐に潜り込み急所を突く。

隙アリ！

丈夫な鎧にだって弱点は必ずある

① 動きやすく活動的な当世具足による合戦

　戦国時代以前の鎧兜は、防御性は高いが重量があるため、動きづらかった。そこで「当世具足」という身軽に動けて防御性もある鎧が登場。**動きやすい反面、装具のパートがいくつも分かれていて、その隙間が急所だった。**敵はそうした急所を狙って刀や槍で突いてくる。いかに大きなダメージを与えるかが合戦のポイントであった。

② 槍、長巻、薙刀、薙鎌で敵の急所を突け!

動きやすい当世具足で白兵戦をする際、敵と間合いが取れる槍などの長柄武器、敵の動きをしっかりと確認でき、優位に立つことができた。**長柄武器は敵の急所に一撃を与えることができることからも、広く用いられた。**また、「長巻」や「薙刀」は敵の足をとって転倒させ、「薙鎌」は、210cmの棒の先に鋭い刃をつけた武器で、敵の首を撥ねた。

人体の弱点
動脈を斬られると大出血するため、人体のこの部分が最大の弱点となる。

顔面
面がないと無防備になる。特に目を攻撃されると戦意喪失する。

首
首には急所のけい動脈があることから、斬られるとひたまりもない。

肩の隙間
脇引という鎧の脇の下に当てる小具足がなければ両肩が守れない。

腕の内側
籠手がないと腕の内側の柔らかい皮膚や、肘の関節を狙われる。

脇下
脇の下は、腕を振り上げると完全に空いてしまうので要注意の急所だ。

胴と草摺の間
胴と大腿部を守る草摺の間は、体を動かすと隙間ができる急所だ。

膝とすね
関節にダメージを受けると立ち上がれなくなる。

草摺の隙間
膝頭を守る佩楯がないと、動脈が走る太ももが狙われる。

足の甲
足を押さえられたり衝撃を受けたりすると動けなくなる。現代の安全靴のように鉄板をかぶせるなど処理をした。

急所の三か条

* その一　接近戦の白兵戦では、相手の急所を正確に狙うべし
* その二　当世具足は完全武装ではなく隙が存在する
* その三　白兵戦で敵の急所を突くのは、槍などの長柄武器が有効

ものしり度 ★ ★ ★ ★ ★

大将の居場所は「馬印」「旗印」を見れば分かった

お題	馬印と旗印	合戦中、指揮官級の武将には「旗印」や「馬印」という目印があった。旗を掲げることで居場所を示したのである。

自分の居場所を示すなんて潔いね

馬印持は、転んで印を落としてしまうということが許されなかったため、しっかりと握った。

絶対、転ぶなよ

へい

① 合戦の指揮官を見つけるための馬印・旗印

合戦の際に一早く、指揮官となる武将を見つけるには、馬印を探すのが一番。敵の指揮官は今どこにいるか、馬印の位置をたしかめ、どこを攻撃すれば有利になるかを考えた。ちなみに戦国時代より以前は旗印が使われていて、武田信玄の「風林火山」が有名である。

2つの印の違いとは?

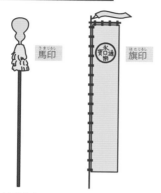

馬印

旗印

旗印は戦国時代より以前から使われていたもので、旗を棒や竿に巻きつけたもの。馬印は、戦国後期から登場したもので、武将によってそれぞれ特徴ある形のものが作られた。

② 旗を持つ兵が増え 馬印が誕生した

戦国時代に馬印が登場したのは、旗を持つ兵士が多くなり、指揮官である武将の位置が分からなくなってしまったからだ。馬印は馬に乗る指揮官に寄り添って立つ馬印持という兵が、長い棒の先に細工をほどこした印を持っていたので、遠くからでも確認できた。

有名な戦国大名の印

織田信長の旗印
中国・明の時代 (14〜17世紀頃) の貨幣である「永楽通宝」が描かれていた。

武田信玄の旗印
紀元前500年頃の中国・春秋時代に書かれた兵法書『孫子』の一節が書かれている。

疾如風
徐如林
侵掠如火
不動如山

石田三成の馬印
しめ縄に使われる四手という紙を竿の先に作られた輪から垂らしたもので、風にそよぐように作られた。

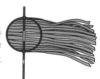

豊臣秀吉の馬印
金のひょうたんを逆さにした形。合戦に勝つたびにひょうたんの数を増やしていったというのは嘘。

馬印と旗印の三か条

✳ その一　馬印・旗印は、合戦の指揮官がいる場所を示すものである

✳ その二　騎馬武者は差別化するために、馬印を用いるようになった

✳ その三　馬印・旗印で武将の存在感を示すことで、兵士の士気を高めた

ものしり度 ★ ★ ★ ★ ★

自分をアピールするために背中に旗を差して戦った

お題	差し物	指揮官の武将のシンボルが馬印や旗印であるのに対し、兵士一人ひとりを確認するため、「差し物」が用いられた。

差し物の種類

兵士の旗は2種類のかたちがある。乳付旗、縫含旗はいずれも正方形か、正方形の1.5倍の長方形だった。

これがあれば、敵か味方が分かるね

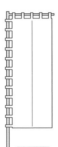

縫含旗

旗竿につける部分を袋縫いにして、竿に直接縫いつけるので強くてしっかりしていた。戦国後期には、この形の旗が多くなった。

乳付旗

乳とは、旗を竿に通す輪のことで、長さは一丈二尺(約3.6m)と大きなものだった。

① 旗は合戦場で敵と味方を識別するための重要なアイテム

敵と味方が入り乱れて戦う合戦場では、敵と味方の区別が難しくなる。そこで**兵士一人ひとりが背中に旗を背負うことで、見分けをつけた。**乳付旗や縫含旗は軍用の旗で、幟として使われるときは、広げると約3.6mもの巨大な大きさとなった。

旗の差し方

旗は、兵士の背中に取り付けられた器具で固定した。

- 合当理
- 受筒
- 待受

差し物

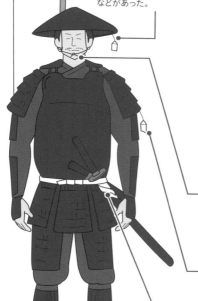

差し物
軍で統一した旗と、個人を
見分けるための旗の2種類
がある。

笠印
兜の前後に吊るして、敵と
味方の見分けを示したもの。
笠印以外にも、袖印、刀印
などがあった。

軍の統一されたデザインの旗
もあるが、兵士個人が使う旗は
「自分差し物」といい、**上官の許
可さえあれば自由にデザインす
ることができた。** そのため、合
戦で活躍するためや、目立つた
めに派手なデザインの旗を作る
兵が増え、合戦場は色鮮やかな
旗であふれた。

合言葉
印を失ってしまった場合、決めておいた合言
葉を交わすことで、敵か味方かを見分けた。
すぐに合言葉が出てこない時は、味方であっ
ても討たれてしまうことがあった。

袖印
敵・味方の見分けをつける印は袖にもつけら
れた。弓や槍を前に突き出すことから、左
側に印をつけた。

刀印
刀や弓の端につけた印で、右巻きや一カ所
巻きなど、その巻きつけ方によって敵か味方
かを識別した。

差し物の三か条

✳ その一　個人を見分けるための旗を「差し物」という

✳ その二　軍で統一された共通のデザインの旗と、個人所有のものがある

✳ その三　「差し物」のデザインは目立つのが第一優先

人間だけでなく馬も大変！　鎧を着せられて合戦場を駆け抜けた

| お題 | 騎馬 | 馬に乗って合戦場に出るのは地位の高い武将たち。騎乗武者をサポートするための従者が何人も同行した。 |

馬具

わが国では、古代遺跡からも「馬具」が発掘されている。

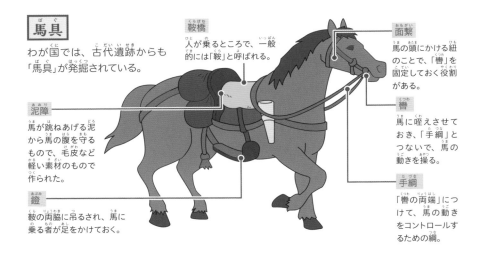

鞍橋
人が乗るところで、一般的には「鞍」と呼ばれる。

面繋
馬の頭にかける紐のことで、「轡」を固定しておく役割がある。

泥障
馬が跳ねあげる泥から馬の腹を守るもので、毛皮など軽い素材のもので作られた。

轡
馬に咥えさせておき、「手綱」とつないで、馬の動きを操る。

鐙
鞍の両脇に吊るされ、馬に乗る者が足をかけておく。

手綱
「轡の両端」につけて、馬の動きをコントロールするための綱。

① 多くの従者が馬具を持って一緒に付き添って歩いた

騎馬は多数の人員が必要だった

　馬具には、武者が座る「鞍」、馬をコントロールする「手綱」と「轡」のほかに、「轡」を固定する「面繋」、騎乗するための「鐙」などが必要だった。さらに、泥よけとして馬の腹を守る「泥障」や、蹄鉄がまだなかったため、「馬草履」も必要だった。<u>騎馬武者は、地位の高さと、馬を養い、道具をそろえる経済力が必要だった。</u>

② 馬も重装備しなければ、敵の攻撃の的に

「将を射んとする者はまず馬を射よ」という言葉があるように、**騎馬武者を倒すには、まず馬を攻撃するのがセオリー。**そのため馬自体も重装備をする必要があった。「馬鎧」や「馬面」は、馬の急所、弱点を防御するもので、馬の全身に、麻布に革、鉄板などを綴じ込んだ防具を付けた。合戦場で馬はよく目立ったので、狙われる確率が高かったのである。

騎馬武者の装備

馬に乗る武将には、何人かの従者が付き添わなければならなかった。

槍持ち
騎馬武者が使う槍を持って歩き、いざという時に武者に手渡した。

騎馬武者
重装備をした馬にまたがり、馬上から槍で攻撃した。

荷物持ち
騎馬武者の様々な道具を持ち運ぶ係。

馬丁
馬の世話係で、前に進むときは轡をとって馬をコントロールした。

侍従者
騎馬武者を補佐する武士。

馬の鎧

武将の装備と同じように、馬の全身に鎧を付けて、敵が放つ矢や、振りおろす刀剣から身を守った。

ヒヒーン

馬面
馬は急所である鼻を攻撃されると暴れてしまうため、革や薄い鉄板で顔全体をカバー。龍のデザインをして、敵を威圧した。

馬鎧
麻の布地に、鉄板や革を編み込んで防御性を高めた。

騎馬の三か条

✲ **その一** 騎乗する者には、馬の世話係として従者が数名ついた

✲ **その二** 馬に乗るには多くの馬具が必要で、豊かな経済力を必要とした

✲ **その三** 馬自体も、人間並みに重装備をしていた

平和な江戸時代の武士たちは鎧の着方が分からなかった

着方は分かりませんけどね

立派ですなあ

戦がなくなり、鎧は単なるお飾りに!

　武士にとって鎧は重要な装具であった。しかし、平和な江戸時代になると、合戦がないので武士たちは鎧を着ることがなくなった。先祖伝来の大切な鎧は保管しておかなければならなかったが、正月や端午の節句に飾るだけになったのである。中には生活に困って鎧を売り払う者もいて、武士の体裁を整えるため収納する具足櫃だけは残し、中に石を詰めておく不届き者もいた。幕末になり外国船が来航すると、鎧をつける必要があったが、着方の分からない者が多かったため、絵入りの「鎧の着方本」まで出回ったという。

忍者の巻

戦国武将を陰で支えた忍者たち

武器や術を巧みに操り、戦国時代の舞台裏で暗躍していた忍者たち。秘密のベールに包まれた彼らの生態を明らかにしていくでござる

欲望に負けない心を忍者は持たなければならなかった

お題　忍びの心得　戦国武将たちの任務を実行するための強い心（不動心）を忍者は要求された。欲に負けず、主君に強い忠誠を誓ったのだ。

忍者は精神的にもものすごく強かったんだ

派遣された忍者たち
伊賀や甲賀の忍者たちは日本各地の戦国大名のもとに派遣されて、その大名に雇われて働いた。

① 敵の情報を知るため武将は忍者を使った

　多くの武将たちが覇を競い合っていた戦国時代、**忍者は敵の情報をつかむために暗躍した。**忍者の里として知られる伊賀と甲賀の忍者たちは、各地の大名から引く手あまた。武田信玄や上杉謙信、伊達政宗のように自分たちで独自の忍者集団を作る武将もいた。

忍者軍団の形成
武田信玄や上杉謙信、伊達政宗などの武将は、自分たちの領地で訓練を行って独自の忍者軍団を作り上げた。

サラサラ…

起請文を書く

忍術を教わる時に、習った忍術を決して他の人には教えないと約束する文書を書いた。

仁義忠信

忍者は自分が仕える主君に絶対的な忠誠を誓った。たとえ自分が犠牲になってでも、任務を果たしたのだ。

お金　女性　酒

不動心

何事にも動じない強い心。自分の欲望に負けて任務に失敗しないために、普段から欲望をおさえた禁欲的な生活を送った。金、酒、女性などの誘惑に負けないようにしたのだ。

② 心の迷いと欲望は任務の大敵

忍者の任務は、心の乱れがあると成功しない。そのため、忍者は自分が仕える主君や殿様に忠誠を誓い心の迷いを捨てた。また、欲があると任務に集中できず失敗するので、普段から欲をおさえた生活をするようにしていた。

忍びの心得の三か条

* その一　教わった忍術は他人に教えてはいけない
* その二　心の迷いを捨てるため主君に忠誠を誓え
* その三　欲に負けないよう普段から禁欲的に生活するべし

最高クラスの技術を持つ忍者だけが「上忍」と呼ばれた

お題 忍びの能力

心と身体が健康で、様々な優れた技術を持ち、名前さえ残さない忍者を最上クラスの忍者として「上忍」と呼んだ。

上忍になれる者は少なかったんだ

コミュニケーション力

会話をする中で相手の感情や欲望を利用した。そうすることで、知りたい情報を聞き出したり、相手を好きなように操ることができた。

① 優れた実力を持つ忍者を「上忍」と呼ぶ

映画や漫画で描かれる忍者は、上忍・中忍・下忍と身分を分けられることが多く、実際の上忍も優れた実力の忍者のことだった。忍術について書かれた秘伝の書物『万川集海』では、10の条件をクリアした者のみを上忍と呼んでいる。

健康

心と身体が健康であることは忍者にとって重要だった。任務のために走って山を越えたりしたので、体力が必要とされた。

舞も得意です

遊芸

詩や文章、舞、物まねなどの芸術や演芸の才能も求められた。忍者は芸を行う職業の人に変装することもあったので、様々な芸ができないとダメだったのだ。

なるほど

勉学

優れた忍者は学問を好んだ。戦のやり方について記された兵法の本はもちろんのこと、火薬や薬を作るため薬学も勉強し、幅広い知識を身につけていた。

旅

様々な国を旅したことがあって、それぞれの土地の特徴、そこに住んでいる人々の特徴を知っていることも優れた忍者の条件だった。

② 上忍になるためには心構えも要求された

上忍になるには以下の10項目をクリアしなければならなかった。運動もできて、勉強もでき、性格も良いスーパーエリートだ。

上忍になるための十か条

❶ 忍者の心構えを持ち、元気で健康な人
❷ 義理があり、欲が少なく、礼儀正しい人
❸ コミュニケーション能力が高い人
❹ 儒教や仏教を学び、死と生は天命であることを心得ている人
❺ 主君のかわりに死ぬことができ、兵学に関心があり、英雄の気質を持った人
❻ 他人との言い争いを好まず、優しいが威厳がある人
❼ 妻や子どもが裏切る可能性のない人
❽ 諸国をよく旅して、各地の気候や人々をよく知っている人
❾ 忍術のレベルが高く、軍事にも高い志を持つ人
❿ 詩文や舞、モノマネなどあらゆる芸を臨機応変にできる人

忍びの能力の三か条

✳ その一　最高クラスの忍者のことは上忍と呼ぶべし
✳ その二　上忍になるためには様々な技術が必要
✳ その三　技術以外に忍者としての心構えも必要だった

ものしり度 ★ ★ ★ ★ ★ ★

忍者の歩き方はとても静かで、足音がしなかった

お題 | 忍び足 | 相手に近づいたり、家に忍びこむ時、忍者は足音を立てない「歩法」という技を使った。

忍者の歩き方は10種類以上あるんだ

① 足音を立てない忍者の技が「歩法」

忍者は敵に気づかれないように足音を立てずに歩く、「歩法」という技術を身につけていた。歩法には様々な種類があり、置かれた状況や屋敷や城などの潜入した場所によって、忍者は歩法を使い分けた。気配を消すため歩き方にもこだわったのだ。

浮足

落ち葉が積もった山道などで足音を立てないために使ったのが、浮足。足のつま先から地面につけて、ゆっくりとかかとまでおろして歩く。

② 歩法を身につけるには厳しい修業が必要

歩法には動物の歩き方をお手本にしているものもあった。四つん這いで移動する犬走りもあり、立って歩けない所で使われた。どの歩法も身につけるためには厳しい修業が必要だったが、習得が一番難しいのは深草兎歩だった。

横走り

壁や塀に背中を向けて歩くのが、横走り。壁際を歩くので、背中側から攻撃されず、気配が相手にバレにくいという利点があった。

深草兎歩

自分の両手の甲の上に足を乗せて歩くのが、深草兎歩。足音がしないので、寝ている人の近くを通っても相手は起きない。

コンコン！

狐走り

狐の歩き方を真似したのが、狐走り。四つん這いで、足はつま先立ちの状態で前に進む。床下や天井裏で使った。

忍び足の三か条

✳ その一　敵に気づかれないように足音を立てずに歩くべし

✳ その二　状況によって歩き方を変えるべし

✳ その三　床下や天井裏では狐のように四つん這いになるべし

忍者は世界記録並みの高いジャンプ力を身につけた

お題 　**跳躍力**　高い所で活動したり、塀を乗り越えるためのすぐれたジャンプ力を忍者は厳しい修業で身につけた。

跳躍動作

敵の城や屋敷に忍びこむ際には、足だけでなく、腕の力も使うことで、より高いところも乗り越えることができた。

ジャンプ力をつけるため足の指の力も鍛えたよ

トウッ

① 現代の陸上選手を超えるジャンプ力

　甲賀流忍術を受け継いだ藤田西湖さんによると、忍者はその場で上にジャンプすると2.73m、前にジャンプした時は5.46mも跳んだ。**これはオリンピックの陸上の記録を超える、驚くべき数値である。**また15mの高さから飛び降りることもできたという。

② 修業を積んで跳ぶ力を身につけた

ジャンプ力を身につけるため、飛神行という修業の他に、地面に掘った穴から跳び出る訓練で足の力を鍛えることもあった。高いところから飛び降りることもあったが、「臨兵闘者皆陣烈在前」という呪文（九字護身法）を唱えて恐怖心を打ち消した。

飛神行①

木の枝にぶらさがって、腕の力を鍛える修業。猿の動きを真似して木から木へと飛び移る「飛猿」という技の訓練も行った。

シュタッ

両手をついて衝撃を分散

飛神行②

逆立ちすることで、腕の力を鍛えた。親指と人差し指だけで体を支えることで、指の力も強化した。

忍者の着地動作

高いところから飛び降りる時には、足だけでなく両手も地面について、衝撃をやわらげるようにした。

跳躍力の三か条

✳ その一　高く跳ぶための力を修業で身につけるべし

✳ その二　足だけでなく腕も鍛えるべし

✳ その三　飛び降りる時は衝撃を弱める着地動作を使うべし

「分身の術」の正体は、催眠術を使ったトリックだった

お題	忍術	漫画に登場する忍者がよく使う分身の術は、本当に分身しているのではなく、催眠術を使っていた。

本物はどれ!?

分身の術
ひとりの人間が何人にも分かれる術。現代のマジックのように見ている相手の錯覚を利用したと考えられている。

① こうすればひとりが何人にも分身できた

不思議な技も忍者は使ったのだ

　漫画などに出てくる忍者は、ひとりが何人にも分かれる分身の術を使う。分身の術は、「すさまじく速く動いて目の錯覚で何人もいるように見せた」という説や、「顔や姿が似た人を何人か並べて分身したように見せた」という説もあるが、**見ている相手に催眠術を使ったという説が有力である。**

② 手品や曲芸、呪術や占いも利用した

　忍者が使う不思議な術は、手品や曲芸の技を使ったものとも考えられている。また、忍者は困難に立ち向かうために呪術や占いにも頼った。例えば、隠れる時に唱える「オン・アニチ・マリシエイ・ソワカ」という呪文がある。これは「摩利支天」という神の力を秘めた言葉だ。

呑牛の術
相手の目をあざむくために牛を一頭飲み込んだように見せる術。加藤段蔵という忍者が得意だったといわれる。

ネズミに化ける術
不思議な術を使った果心居士は、敵に捕まって縛られてもネズミに姿を変えて逃げ出したという。

呪術
勝負事や戦の前に「天上鳴弦雲上帰命頂礼」と2回唱えると、どんな困難にも立ち向かえる力が備わった。

首飾曲玉之秘伝
首飾りを使っていろいろなことを占った。

縄占
縄や、鹿や猪の骨を使って占いを行った。占いには、迷いを断ち切る効果があった。

忍術の三か条

※ その一　催眠術を使って相手に幻を見せるべし

※ その二　手品や曲芸も忍術の技として使うべし

※ その三　呪術や占いで迷いを断ち切るべし

平べったいだけでなく長細い棒のような手裏剣もあった

| お題 | 手裏剣 | 忍者の武器として有名な手裏剣には、平らな平型手裏剣と棒のような形の棒手裏剣があった。 |

手裏剣の種類

漫画やドラマによく出てくる四方（十字）手裏剣以外にもいろいろな形がある。刃の数が多いほど相手に命中しやすい。

くらえ！

四方（十字）手裏剣

六方手裏剣

卍手裏剣

三方手裏剣

① 薄い鉄板型のものは平型手裏剣と呼んだ

鉄製だから重いんだよ

漫画やドラマで使われることが多い薄い鉄板の形の手裏剣を平型手裏剣という。**平型手裏剣の攻撃力はあまり高くないので、刃の部分に毒を塗ることもあった。**ピンチの時に敵に投げつけて相手がひるんだ時に逃げる、という使い方をした。

② 棒手裏剣のほうを使うことが多かった

　作りやすく、運びやすいなどの理由から、忍者は平型よりも棒手裏剣を使うことが多かった。棒状のまっすぐな形のため平型手裏剣より威力は強いが、敵に命中させるのが難しかった。手裏剣は鉄製で重いので少ししか持ち歩かず、ボールペンのような形の丸棒型、鋭くとがった切出型、ナイフのような小刀型などがあった。

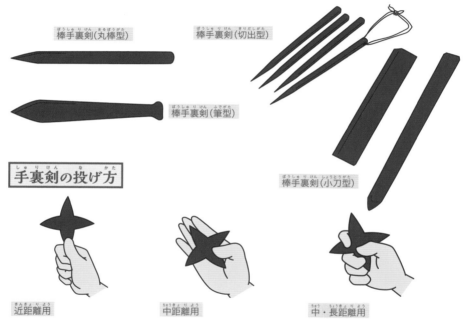

棒手裏剣(丸棒型)

棒手裏剣(切出型)

棒手裏剣(筆型)

棒手裏剣(小刀型)

手裏剣の投げ方

近距離用
親指と人差し指ではさむ握り方。力が入らないので、近距離の相手に向かって投げた。持つ時に手が傷つかないので、毒を塗ることもできた。

中距離用
手のひらに手裏剣を乗せて、親指で押さえる。手のひらが手裏剣の刃で傷つくこともあるので、毒は塗らなかった。

中・長距離用
人差し指を引っかけて握ることで、命中率が高くなった。手裏剣が回転しながら飛んでいくので、遠くまで飛ばすことができた。

手裏剣の三か条

✳ その一　敵を倒すというより逃げる時に使うべし

✳ その二　意外と重いので少しだけ持ち歩くべし

✳ その三　相手を確実に倒したいなら毒を塗るべし

忍者は刀を「斬る」のではなく「突く」のに使った

| お題 | 忍び刀 | 武士と忍者は戦い方が違うため、忍者の使った刀は武士の刀と形が少し違った。 |

打刀と長脇指の違い

打刀（武士が使用）

一般的な武士が持っていた刀。反っているので、まっすぐ突くより、相手を斬る攻撃方法のほうが向いていた。

刃渡り70cmほどで反った刀身が特徴。

長脇差（忍者が使用）

武士ではなく、農民などがよく使った。忍者は長脇差の中でも一番大きいサイズの刀を使用した。

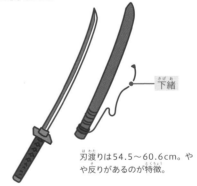

下緒

刃渡りは54.5〜60.6cm。やや反りがあるのが特徴。

① 忍者の刀は短めで相手を突いて攻撃した

忍者の刀は便利だったんだぞ

　忍者も武士と同じように武器として刀を使ったが、**忍者が使った刀は長脇差と呼ばれ、武士の刀よりも短かった。**武士の刀とくらべて、長脇差は刃がまっすぐに近い形なので、斬るよりも相手をまっすぐに突き刺す攻撃方法が向いていた。また、刃が短いためすぐに刀を抜いて戦うことができた。

② 鞘に約3mの長いひもがついていた

忍者の刀の特徴として、鞘についた長いひも（下緒）がある。一般的な武士が使う刀のひもの長さは1.5メートルほどだが、忍者の刀のひもはおよそ3メートル。この長いひもを活用して、忍者は刀を武器としてだけではなく、便利な道具としていろいろな使い方をした。

座探し

潜入した部屋が真っ暗で何も見えない場合、下緒を口にくわえ、鞘を前に出して道を探りながら歩いた。敵がいた場合は口から下緒を放して鞘を落とし、刀で攻撃した。

用心縄

鞘についたひもの下緒を低い位置で部屋の入り口に張っておけば、入ってきた敵はひもに足を引っ掛けて転んだ。

槍停

刀を持った人と長い槍を持った人が戦うと、普通なら槍を持った人のほうが遠くから攻撃できるので有利である。忍者はそんな時下緒を利用し、敵が槍で突いてきたら、下緒を槍に絡め、槍を奪い取ったのだ。

あぁ…

忍び刀の三か条

✳ その一　忍者の刀は斬るのではなく突いて使うべし

✳ その二　鞘についた下緒で相手を転ばせるべし

✳ その三　下緒で相手の武器を奪うべし

農作業用の道具を武器としても使用した

| お題 | 忍びの武器 | 忍者は農具や植物も武器として使った。あらゆるものを改造し、様々な武器作りに力をいれた。 |

まきびし

地面にまいたまきびしを踏むと怪我をしてしまうので、敵の足止めとなり逃げることができた。

踏むなよ

① 乾燥させた水草の実を逃げるための武器にした

いろんな物が忍者の武器になったんだ

　忍者は刀や手裏剣以外の武器も使った。**有名なのは、追っかけてくる相手の足を止めた「まきびし」**である。もともとは「ひし」という水草の実を乾燥させて使っていたが、やがて木製の「木びし」、竹製の「竹びし」、鉄製の「鉄びし」も使うようになった。

② 農具も忍者は武器にした

　もともとは農業の道具だった農具を武器として使うこともあった。草刈りに使う鎌に鎖をつけた鎖鎌も忍者の武器として有名だ。**手の甲に鉄の爪をつける手甲鉤も、もとは農具だった。**これらは、刀や槍と違って持っていても武器とは思われず怪しまれなかった。

鎖鎌
鎌に鎖と分銅をつけた武器。離れた相手に分銅を投げて、鎖を巻きつけた。

手甲鉤
もともとは雑草を刈るための道具だったが、鋭い爪で相手を攻撃する武器として有効だった。

利かぬわ

鉄拳
握って相手を殴る際に使用する武器。約200gなのであまり重くないが、素手の時よりも強力なパンチを放つことができる。

万力鎖
鎖の両はじに分銅がついた武器。振り回して攻撃したり、相手の首を絞めたりした。

忍びの武器の三か条

※ その一　水草の実は乾燥させてまきびしにするべし
※ その二　農民が使っている農具も武器にするべし
※ その三　鉄拳でパンチを強化するべし

情報を集めたり嘘の情報を流したりするのも忍者の仕事

お題

忍びの仕事

自国と敵国が戦う時、忍者は情報収集や謀略などを行って、戦を有利に導いた。

現代のスパイや
ゲリラのように
働いたんだ

最近どうです？

① 忍者が得た情報をもとに武将は戦った

　忍者は敵地に潜入し、敵国の動きや秘密などを探った。変装して敵地へまぎれこんだり、標的の人物を尾行したり、天井裏に忍びこみ盗聴したり、あらゆる手段で情報を収集し、自国に報告。武将はその情報をもとに敵国との戦い方を考えたのだ。

情報収集

　敵の情報を知るために、忍者は変装して敵の城や屋敷に忍び込んだ。敵地の住民のフリをして、長い間、敵の国に暮らしながら、その土地の情報を集めることもあった。

裏切り者だ

敵地に潜入して嘘の情報を流したり、建物などに火をつけたりして、相手を混乱させることもあった。敵の重臣の暗殺も忍者の仕事だった。普通の兵士が行わないような裏の仕事も、忍者にとって重要な任務だった。

防諜

自国に忍び込んできた敵の忍者を倒したり、情報を漏らす裏切り者を見つけ出したりした。

敵は逃げ出したらしいぞ

破壊工作

敵地に潜入して、建物や溜めている食料に火をつけたりした。落とし穴を作って、敵の行動を止めることもあった。

謀略

敵国の中に潜入して、嘘の情報を流した。このことにより、敵国は混乱させられた。

忍びの仕事の三か条

* その一 敵地に潜入して情報を集めるべし
* その二 こちらの情報が漏れないように敵の忍者と戦うべし
* その三 嘘の情報を流して敵を混乱させるべし

忍者の巻　その十　　ものしり度 ★ ★ ★ ★ ★

忍者が着ていた服は、黒色ではなくて茶色か紺色

お題 | 忍びの身なり | 忍者が着る服装は、風景に溶け込み目立たないためのものだった。目立たないために変装することもあった。

ポケットを多数配置

羽織
上着の羽織の内側にはポケットがあり、そこには火薬や薬などを入れた。

わらじ
足に履くわらじも、目立たないように暗い色に染めることもあった。

足袋
足音がしないように、忍者は足袋の底には綿を仕込んだ。

昼間は逆に目立つから、この格好はしてなかったんだ

① 黒い服装は夜用の任務服だった

　映画や漫画に出てくる忍者が着ている忍び装束は、昼間は逆に目立つので、夜用として着ていた。色は黒だが、実際は濃い茶色や紺色、柿渋色（赤黒くて暗い色）。**照明がない時代だったので、服を真っ黒にする必要がなく、濃く地味な色なら十分に姿を隠せた。**昼間は庶民の服装をした他、潜入のために様々な職業の変装をすることもあった。

118

昼間の忍者

昼間の忍者は主に七つの職業に変装していた。これを「七方出」という。

猿楽師
舞やモノマネなどの芸をする猿楽師は、大名も楽しませていた。猿楽師に変装すれば、怪しまれずに敵国に潜入できた。

山伏
修験道という宗教の修行者。彼らは様々な国をわたり歩いていたので、敵国に潜入するときの変装に向いていた。

出家僧侶
仏教の僧侶に変装すると、様々な立場の人たちが集まる寺に怪しまれずに入ることができ、重要な情報を手に入れられた。

深編笠

放下師
路上で手品や曲芸などを披露する人のことを放下師という。彼らに変装することで、人々から情報を集められるだけでなく、仲間との情報交換も自然に行えた。

商人
品物をいろんな場所で売って歩く行商人に変装すると、目当ての屋敷などに怪しまれずに入ることができた。

常の形（庶民）
町民のふりをすれば、怪しまれずに敵地で生活して情報を集められた。町民以外に農民や武士のフリをすることもあった。

虚無僧
禅宗という仏教の宗派の僧侶である虚無僧。深編笠で顔を隠していたので、この変装をすれば、顔を見られずに済んだ。

忍びの身なりの三か条

※ その一　夜は濃くて地味な色の服を着るべし

※ その二　昼間は忍び装束だと目立つので普通の格好をする

※ その三　敵地への潜入のためには様々な変装をするべし

杖や扇に刀を仕込んで、敵を驚かせた

| お題 | 隠し武器 | 一見すると武器に見えない「仕込み武器」を忍者は使っていた。敵は大いに油断したことだろう。 |

杖ではなかったのか…

仕込み杖（鎖）

杖の中に分銅をつけた鎖を仕込んでいる。相手の刀に鎖を絡めて奪い取ったり、鎖で相手の体を縛ることができた。

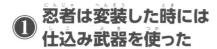

仕込み杖（槍）

杖の中に槍を仕込んだ武器。杖をついた老人の変装をして、油断した敵に対して槍で突き刺して攻撃することができた。

① 忍者は変装した時には仕込み武器を使った

油断大敵とはよくいったものでござる

　仕込み武器とは、杖など日常生活で使う物の中に武器を入れたものである。武器を持っていないと思って相手が油断している時に、仕込み武器で攻撃することができた。老人やケガ人に変装していれば、杖を持っていても何ら不思議はない。仕込み武器を使う時は、変装している場合が多かった。

② 仕込むのは刀、鎖、毒薬、唐辛子など

ちなみに、仕込み杖は戦国大名の上杉謙信も使っていた。その謙信が使ったとされる仕込み杖は現代にも残されているのだ。**杖の中には、刀や鎖、槍、毒薬、唐辛子などを仕込んだ。**杖以外では、煙管、扇子などにも武器を仕込んで利用した。

ぐはっ

仕込み杖（刀）

杖の中に刀を仕込んでいる。昔は徒歩が主な移動方法だったので、杖を使う人が多く、杖を持っていても怪しまれることがなかった。

目、目が…

仕込み杖（目潰し）

杖の先に唐辛子を仕込んでおいて、敵の顔に向かって唐辛子をかける。敵がひるんでいる間に逃げることができた。

錫杖

仕込み刀

仕込み扇子

扇子の扇の部分、または持ち手の部分に小さな刃を仕込んで、斬ったり刺したりした他、棒手裏剣のように使うこともあった。

錫杖

山伏に変装する際は、持っていた錫杖の中に刀を仕込んだ。刀だけでなく、鎖を仕込むこともあった。

隠し武器の三か条

※ その一　杖、煙管、扇子などの中に武器を仕込むべし

※ その二　刀や鎖、毒薬、唐辛子などを仕込むべし

※ その三　相手が油断した時に仕込み武器を使うべし

忍者が必ず持ち歩いたのは、武器ではなく便利アイテムだった

お題 忍び道具

忍者が遠く土地での任務につく際、必ず持っていく六つの道具。特殊な仕事をする上で欠かせないものだった。

旅に出る時は絶対に持って行こう

鉤

縄

鉤縄（かぎなわ）

金属の鉤爪がついた長い縄。塀をよじ登ったり、敵を縛る時などに使用する。

① 忍者の任務に不可欠な六つの道具

「鉤縄」「三尺手ぬぐい」「石筆」「打竹」「編笠」「印籠」——。これらは敵陣に忍び込む際の道中に欠かせない必須アイテムであり、「忍び六具」と呼ばれた。刀や手裏剣は必要があれば準備したが、忍び六具はそれよりも重要なものだった。

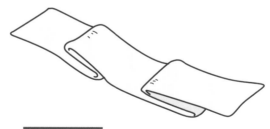

三尺手ぬぐい（さんじゃくてぬぐい）

三尺（約91cm）の手ぬぐい。包帯として使ったり、泥水を通してゴミをとってきれいにして飲んだり、様々な使い道があった。

石筆（せきひつ）

チョークのように字を書ける道具。仲間の情報を伝えるために目印や暗号などを書く時に使った。

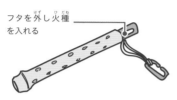

フタを外し火種を入れる

打竹（うちたけ）

中に火種（小さな火のこと）を入れておく竹筒。火薬を使う時や料理を作る時などに、中の火種を使った。

② 旅人が使う道具と忍者の道具は同じ

「忍び六具」は、江戸時代の旅行本『旅行用心集』で旅人が持っていると便利なものとして紹介された道具と同じだった。旅人が持つ道具と同じものだったゆえに、忍者が持っているところを見られても怪しまれなかったのである。

編笠（あみがさ）

雨が降った時や日よけのためにかぶった。顔を隠すことができるのも好都合だった。

ここを上に引くとフタが開く

印籠（いんろう）

薬を入れるための小箱。傷薬だけでなく、睡眠薬や毒薬なども入れていた。

忍び道具の三か条

※ その一　遠くの土地に行く時は忍び六具を持っていくべし

※ その二　道具が六つだけなので邪魔にならない

※ その三　旅人と同じ道具なので怪しまれる心配がない

情報を集めるために嘘をついて敵国に侵入した

お題	情報収集	敵国で情報を集める時は、怪しまれないように変装するだけでなく、事前に敵の情報も収集した。

情報の集め方

近入りの術

戦争中の敵国や、これから戦う敵国に潜入して情報を集める。「妖者の術」で老人や物乞い、山伏などに変装した。

① 力の弱い無害な者に変装して正体を隠した

怪しまれたら任務は失敗だ

情報収集のために敵国に潜入する時、忍者は怪しまれないことを心がけた。忍者ではないかと疑われたら、その時点で任務が失敗してしまうからだ。正体がバレないように忍者は変装したが、老人や物乞いなど、力の弱い無害な人の変装をした。これを「妖者の術」と呼んだ。

遠入りの術

数ヵ月や数年間という長い期間、敵国で住民になりすまして暮らして情報を集める。

② 事前に敵の情報もしっかりと集めた

潜入する前に敵の情報を調べることを、「略本術」と呼んだ。略本術で調べたのは、敵の旗と家紋・家族構成、主な家来の名前、屋敷や領地の場所、他国にいる親戚、敵軍の主な人たちの交友関係など綿密な情報を探り、弱点を見つけようとしたのだ。

略本術でつけ入る隙を探る

敵軍の幹部の情報

幹部の氏名、家族にはどういう人がいるか、家紋、所属先を調べた。

拙者、○○殿とは知り合いでござる

交友関係

敵の中で地位が高い人の交友関係を調べて、その名前を利用することもあった。

情報収集の三か条

❋ その一　敵国に潜入する時は、怪しまれたら任務は失敗

❋ その二　力の弱い無害な人に変装するべし

❋ その三　怪しまれないように事前に敵の情報も集めておく

ものしり度 ★ ★ ★ ★ ★

敵の注意をそらすのに猫や
ネズミの鳴き声をモノマネした

お題　鳴き真似　屋敷に忍び込んでいる際、敵に気づかれそうになったら、猫やネズミといった動物の鳴き真似でやり過す。

ニャーニャー

猫の鳴き真似
忍び込んだ屋敷の庭で敵から見つかりそうになった場合は、猫の鳴き声でごまかした。

① 気配を消せない時に敵をだます忍術を使う

動物の鳴き真似は得意なんだ

　敵の屋敷に忍び込む時、忍者は気づかれないように自分の気配を消した。だが、どんなに優れた忍者でも完全に気配を消すことはできない。敵に気づかれそうになった。そんな時は動物の鳴き真似をして、自分が出した音を動物のものだと相手に思わせたのだ。

② 用意していた動物を使ってごまかすことも！

忍者は動物の鳴き声の真似をするだけでなくて、本物の動物を利用することもあった。敵の屋敷に忍び込んで、物音を立ててしまった時、用意していたネズミを放って、ネズミが立てた音だと思わせたのだ。また、訓練した手先が器用な猿を利用して、扉を開けさせることもあった。

チューチュー

ネズミの鳴き真似
天井裏に隠れていて気づかれそうになった場合は、ネズミの鳴き声を真似た。準備していた本物のネズミでごまかすこともあった。

ワンワン

犬の鳴き真似
犬を飼っている家も多く、野犬もたくさんいたので、犬の鳴き声のモノマネも気配をごまかすにはうってつけだった。

鳴き真似の三か条

＊ その一　動物の鳴き真似で敵の注意をそらすべし

＊ その二　日頃から犬、猫、ネズミなどのモノマネを練習するべし

＊ その三　時には本物のネズミを使って敵をやり過ごす

ものしり度 ★ ★ ★ ★ ★

敵から逃げる時、炎を出したり水に潜ったりした

お題 | **遁走術**（とんそうじゅつ） | 忍者が逃げる時に使った技を遁走術と呼ぶ。火や水などを利用して、追っ手を華麗にまいたのだ。

うわっ！

火を使うのは得意なんだ

さらば！

❶ 火を使う秘技で敵から逃げた

　敵に捕まって任務の秘密がバレてしまっては一大事。忍者は敵から逃げるために「遁走術」という技を使ったのだが、その際に火を使うこともあった。**屋敷に火をつけて、相手がひるんでいる隙に逃げるのだ。**草原では草を燃やして、相手の足を止めることもあった。

火遁の術（かとんのじゅつ）
草原に生えている草を燃やして、自分と敵の間に炎の壁を作った。炎によって敵の足を止めて、その間に遠くへ逃げたのだ。

竹筒を使って水の中に潜るのは嘘だった!?

漫画などでは、水に潜った時に竹筒で空気を吸う忍者が出てくるが、実際には息を吸うことが難しい上に、竹筒のせいで敵から見つかりやすくなるので、竹筒は使われず息を止めていた。

② 水の中に飛び込んで追っ手から逃れる

水を使った遁走術を「水遁の術」と呼んだ。城のまわりの堀や川、池などの中に入って、追っ手から姿を隠したのだ。水中を移動する時は、敵から見つからないように、水しぶきや音を立てない「抜き手」という泳ぎ方で泳いだ。

百雷銃

爆竹のように大きな音が次々と鳴る。敵が音に驚いている間に逃げた。

火をつけると連続で爆発

しきみの花

しきみの油を体に塗ると、水に入っても体温が下がりにくくなった。

どこだー

水遁の術

川や堀などの水の中に入って隠れた。長い時間潜っていられるように、日頃から訓練していた。

遁走術の三か条

✻ その一　極秘情報が知られるので敵に捕まってはならない

✻ その二　敵を驚かせている間に逃げるべし

✻ その三　敵に見つからないようにするなら水の中へ逃げるべし

ものしり度 ★★★★★

木に登ったり物陰に丸まったりして敵の目をあざむいた

お題　**隠形術**（おんぎょうじゅつ）

敵地へ潜入した時に敵から見つかりそうになった場合、自らの身を隠す隠形術を使って難を逃れた。

いないな〜

狸隠れ（たぬきがくれ）

木に登って隠れる術。人は頭上をあまり注意して見ないので、鉤縄などを使って素早く木に登り、相手から見つからないようにした。

① 忍者は敵に見つからない術をたくさん持っていた

敵に見つかることは許されないでござる

　敵地に潜入した忍者は敵に見つからないようにした。敵が近づいてきた時などには、忍術を使って身を隠したのだ。そうした術を「隠形術」と呼んだ。**木があるところでは木の上に登り、池があるところでは池に入ったり、その場所を巧みに利用したのだった。**

うずら隠れ

手足と首を縮めて、丸まって隠れる術。石などの近くで、暗いところで目立つ肌が外から見えないようにして隠れた。

戦国時代は現代とは違って電気がなく、月が出ていなければ夜は真っ暗だった。そのため、体を丸めて岩陰などに身を潜める「うずら隠れ」や、着物の袖を使って顔を覆い隠す「観音隠れ」など、一見隠れていないように見えるが効果があった。

観音隠れ

壁や木の物陰で、顔を着物の袖で隠した。仏像の観音のように目を半開きにして、じっと動かないようにした。

狐隠れ

水の中に入って隠れる術。頭の上に蓮の葉を乗せるので、遠くからは水面に葉が浮いているようにしか見えない。

隠形術の三か条

* その一　敵が近づいてきたら隠形術で隠れるべし
* その二　木や池などを使って身を隠すべし
* その三　手足や首を縮めて、石のようにうずくまるべし

ものしり度 ★ ★ ★ ★ ★

太陽に月、お金や獣まで! 逃げるためなら使えるものは何でも使う

お題

続・遁走術

忍者は火と水以外のものも遁走術に利用した。天候や木、土、動物、虫など、使えるものは何でも使ったのだ。

日遁

自分の背中側に太陽がある位置に立って、敵がまぶしくて目がくらんだ隙に逃走。

月遁

夜、雲が月にかかってまわりが暗くなって、敵からこちらが見えなくなった隙に逃げた。

① 敵を欺き油断を誘う 炎を出す秘技

遁走術にはたくさんの種類があるよ

　火遁の術と水遁の術だけでなく、忍者はいろいろな遁走術を使った。遁走術には、天気を利用する「天遁十法」、植物や土などを利用する「地遁十法」、人や動物を利用する「人遁十法」があった。**忍者はそこにある、あらゆるものを利用して、どんな状況でも敵から逃げたのである。**

② 水の中に飛び込んで追っ手から逃れる

天遁十法には、日遁や月遁の他、雨を使う雨遁、雷を使う雷遁などがあった。地遁十法には煙遁や金遁の他、火遁や水遁も含まれる。人遁十法には獣遁の他、ムカデやクモ、ヘビなどを相手に投げつける虫遁などがあった。忍者はこれらの術を使い分けて、敵から逃げたのだ。

煙遁

鳥の子という爆弾の中に火薬が入った玉を投げて、煙を出す。相手が驚いている間に逃げた。

お金だ

金遁

お金をバラまいて、追っ手が拾っている間に逃げる。踏むと怪我をする「まきびし」をまくのも金遁の一種。

馬が暴れている間に逃げる

獣遁

動物を使って騒ぎを起こして逃げる技。馬を暴れさせたり、ネズミや猫を放ち、敵が慌てている間に逃げた。

| 天遁 | 日遁 | 月遁 | 星遁 | 雲遁 | 霧遁 |
	雷遁	電遁	風遁	雨遁	雪遁
地遁	木遁	草遁	火遁	煙遁	土遁
	屋遁	金遁	石遁	水遁	湯遁
人遁	男遁	女遁	老遁	幼遁	貴遁
	賤遁	禽遁	獣遁	虫遁	魚遁

五遁三十法

忍者の遁術は天・地・人に分けられ、合計30通りにも及んだ。

続・遁走術の三か条

※ その一　あらゆるものを利用して敵から逃げるべし

※ その二　太陽や月、雨などの天気、木や土も利用するべし

※ その三　動物や人も利用して逃げるべし

コラム3

女忍者、くノ一は存在しなかった!?

次の作戦ですが…

遂に情報をつかんだわ

兵の数は500で…

女忍者は普通の着物を着ていた

くノ一とは、「女」という字をバラバラにしたことから呼ばれた女忍者のことだが、実際にくノ一が存在したかどうかは怪しい。武田信玄の配下にいたという「歩き巫女」は敵国の情報を集めるのが目的だった。当時の巫女は関所で止められなかったため、自由に各地を歩き回れたのだ。また、敵の屋敷に住み込みで働く女中として雇われ、男忍者を二重底の荷物に隠して中へ忍びこませるという術もある。いずれにせよ、時代劇のような黒装束のくノ一は存在しなかったようだ。

武士や忍者だけじゃない！
戦国時代を生きた人々

多種多様な人々が暮らした戦国時代。
力がものをいう時代だけに男ばかりが注目されがちだが、
女性や子どもたちの一生懸命な生き様にもスポットを当てる。

戦乱の世を生きた
男たちの職業ファイル

長い間、殺し合いが続いた戦国時代。そんな中にあって、
穏やかに暮らす庶民たちも少なくなかった。

薪集めも
していました

1

農民
田畑を耕し、収穫した米や野菜を売って生計を立てた。合戦に参加する者も多くいた。

山伏
山に籠もって修行を行う者。頭には頭襟、手には錫杖と呼ばれる杖を持っているのが特徴。

2

3

鷹匠
鷹を放って獲物を捕らえる伝統的な狩猟を生業とした。鷹だけでなくハヤブサや鷲も調教した。

4

これはおまけだ
とっておきな!

商人
食料や生活雑貨などを売って生活。危険を顧みず、戦地に出張して店を開く者もいた。

兵法者 5

武器に関する専門的な知識や技能を持ち、それを教えることで生計を立てた武芸の達人。

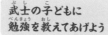

武士の子どもに勉強を教えてあげよう

僧侶 6

仏教を通じて、高い学識を身につけていた僧侶。武装して戦国大名と戦う者たちもいた。

私たちが作る刀はよく切れるよ

槌を握ってトンテンカン！

7

鍛冶

武士たちの武器や防具や農民たちの農具を製造した、鉄製品を取り扱う職人。

番匠

寺社や家屋を建てる現代でいう大工。戦国大名に重用され、都市部で生活する者もいた。

8

ほう、なかなかいい石だ！

石切 9

石材を切り出して加工し、建材や道具などを製作。城の石垣の製造も担当した。

武家の女性たちも男たちに混ざって活躍した

武家の妻や娘たちは「侍女」として、城で働き、大名家を支えた。
また、女性ながらも城主として領内を治める者もいた。

1 女城主

家督の相続や男性当主の死去により、女性が新しい城主となることも珍しくなかった。

首化粧

敵の首を洗って化粧を施すのは女性の仕事だった。敵の首は恩賞を決めるための儀式に使った。

きれいなお顔にしましょうね

2

4 御髪の手入れ

正室や側室といった大名の妻たちの髪を結うのは侍女の仕事。着替えの手伝いもした。

3 女人鉄砲隊

女性は男性よりも非力なので刀や槍を扱うのは難しいが、鉄砲であれば比較的扱いやすかった。

美味しそうな食材が手に入ったわ

5 家事

城内で働く侍女たちは、料理をはじめとして、掃除や洗濯といった家事全般を行っていた。

戦国時代の武家の子どもは
勉学や武術の修練に励んでいた

武家に生まれれば、男子は武士として生きなければならない。
立派な武士になるために武家の子どもは武術や学問を叩き込まれた。

武術
剣術だけにとどまらず、弓術や槍術など、幅広い武術を習得しなければならなかった。

音読
中国、日本の古典や兵法書などを音読することで覚えた。音読は主に寺院で行われていた。

> 楷書や草書などの
> くずし字も書けたよ

書き取り
高い身分の武士の子どもであれば、文字を書くことは基本的なこととして必ず行った。

> 手綱を持たずに
> 練習したんだ

> 女の子だって
> 頑張っていました

女子教育も盛んだった
女子は書道のほか、礼儀作法や茶道といった教養を身につけた。中には武術を学ぶ者もいた。

乗馬術
位の高い武士にとって乗馬は必須。上級武士の子どもたちは、幼い頃から乗馬術に取り組んだ。

戦国時代年表

1493 明応2	北条早雲が堀越御所に討ち入り、伊豆を征服。戦国時代が幕を開ける
1534 天文3	織田信長、尾張で織田信秀の三男として生まれる
1537 天文6	豊臣秀吉、尾張で生まれる。身分が低かったため、本名は明らかになっていない
1542 天文11	徳川家康、三河で生まれる。幼名は竹千代
1543 天文12	ポルトガル人を乗せた中国船が種子島に漂着し、日本に鉄砲が伝わる。日本語で「てつはう」は、鎌倉時代に使っていた武器でまったくの別物
1549 天文18	スペイン人のフランシスコ・ザビエルが、鹿児島に上陸。日本にキリスト教を伝え、多くの日本人がキリシタン信者となる
1553 天文22	武田信玄と上杉謙信による「川中島の戦い」がはじまる。11年間で5度の戦が行われた
1554 天文23	武田信玄・北条氏康・今川義元による「甲相駿三国同盟」が成立する 秀吉が信長に仕える
1558 永禄元	織長が尾張国を統一する。「饗談」という忍者集団が重要な役割を担った
1560 永禄3	「桶狭間の戦い」で織田信長が今川義元に勝利をおさめ、戦国時代が大きな転換期を迎える
1568 永禄11	信長が上洛。足利義昭を室町幕府の15代将軍にする
1569 永禄12	信長がルイス・フロイスに日本でキリスト教を広めることを許可する
1571 元亀2	信長が僧兵集団の拠点であった比叡山延暦寺を焼き討ちにする
1573 天正元	信長と足利義昭が対立し、室町幕府が滅びる
1576 天正4	信長が建てた日本最初の天守を持つ城、安土城の築城開始

1577 天正5	城下町を盛り上げるため、信長が楽市令を発令する
1579 天正7	伊賀流忍者・城戸弥左衛門ほかふたりの忍者が鉄砲で信長を狙うも失敗に終わる
1581 天正9	織田信雄が伊賀を囲み、伊賀忍者に勝利する（第二次天正伊賀の乱）
1581 天正9	忍者の弥左衛門がまたしても信長暗殺に失敗
1582 天正10	本能寺の変。明智光秀の謀反によって信長は自害する
1582 天正10	秀吉により、太閤検地がはじまる
1585 天正13	大坂城が完成する
1587 天正15	秀吉がバテレン追放令を発令する
1588 天正16	秀吉が海賊禁止令、刀狩令を発令する。農民による反乱を防ぐ目的があった
1590 天正18	伊達政宗が秀吉に降伏する 北条氏政・氏直が秀吉に囲まれ降伏する 秀吉、天下統一を果たす
1591 天正19	千利休、秀吉の命令で自害 秀吉が全国の戸口調査を行う
1592 文禄元	秀吉が朝鮮半島に兵を送る（文禄の役）
1594 文禄3	大泥棒であり忍者の石川五右衛門ほか11名が、秀吉の配下である前田玄以に捕らえられ、処刑される
1597 慶長2	秀吉が朝鮮半島に再び侵攻。（慶長の役）
1600 慶長5	関ケ原の戦いが起こり、石田三成率いる西軍と徳川家康率いる東軍が戦う。東軍が勝利をおさめる

141

『あなたの知らない！ リアル戦国読本』「歴史の真相」研究会 著(宝島社)

『面白いほどよくわかる戦国史』鈴木旭 著(日本文芸社)

『学校では教えてくれない戦国史の授業』井沢元彦 著(PHP文庫)

『疑問だらけの戦国史』(新人物往来社)

『図解！ 戦国時代』「歴史ミステリー」倶楽部 著(三笠書房)

『歴史図解 戦国合戦マニュアル』東郷隆 著／上田信 絵(講談社)

『戦国武将 起死回生の逆転戦術』榎本秋 著(マガジンハウス)

『戦国武将の収支決算書』跡部蛮 著(ビジネス社)

『戦国武将ものしり事典』奈良本辰也 監修(主婦と生活社)

『地政学でよくわかる！ 信長・秀吉・家康の大戦略』矢部健太郎 監修(COSMIC MOOK)

『地理がわかれば陣形と合戦がわかる 戦国の地政学』乃至政彦 監修(じっぴコンパクト新書)

『早わかり戦国史』外川 淳 編 著(日本実業出版社)

『武器と防具 日本編』戸田藤成 著(新紀元社)

『武士の家訓』桑田忠親 著(講談社学術文庫)

『戦国の合戦と武将の絵事典』小和田哲男 監修 高橋信幸 著(成美堂出版)

『歴史・時代小説ファン必携【絵解き】雑兵足軽たちの戦い』東郷隆 著 上田信 絵(講談社文庫)

『「もしも？」の図鑑 忍者修行マニュアル』山田雄司 監修(実業之日本社)

『忍者はすごかった 忍術書81の謎を解く』山田雄司 著(幻冬舎新書)

『忍者・忍術 超秘伝図鑑』山田雄司 監修(永岡書店)

『そろそろ本当の忍者の話をしよう』佐藤強志 著(ギャンビット)

『忍者の誕生』吉丸雄哉・山田雄司 編(勉誠出版)

『忍者の歴史』山田雄司 著(角川選書)

『完本 万川集海』中島篤巳 訳註(国書刊行会)

『忍者の兵法 三大秘伝書を読む』中島篤巳 著(角川ソフィア文庫)

『忍者の掟』川上仁一 著(角川新書)

『The NINJA －忍者ってナンジャ!?－ 公式ブック』(角川新書)

『忍者の末裔 江戸城に勤めた伊賀者たち』高尾善希 著(KADOKAWA)

『伊賀・甲賀 忍びの謎』『歴史読本』編集部 編(KADOKAWA)

『新装版 忍法 その秘伝と実例』奥瀬平七郎 著(新人物往来社)

『別冊歴史読本 伊賀・甲賀 忍びの謎』(新人物往来社)

『忍術 その歴史と忍者』奥瀬平七郎 著(新人物往来社)

『もっと知りたい！忍者』日本忍者研究会 著(三笠書房)

『これマジ？ ひみつの超百科⑫ 秘伝解禁！忍者超百科』黒井宏光 監修(ポプラ社)

『忍者図鑑』 黒井宏光 著(ブロンズ新社)

『イラスト図解 忍者』 川上仁一 監修(日東書院)

『戦国の情報ネットワーク』 蒲生猛著(コモンズ)

『忍者を科学する』 中島篤巳 著(洋泉社)

『歴史グラフィティ 忍者』 桔梗泉 編(主婦と生活社)

『歴史群像シリーズ71 忍者と忍術 闇に潜んだ異能者の虚と実』(学習研究社)

『忍者の生活』 山口正之 著(雄山閣出版)

『図解 忍者』 山北篤 著(新紀元社)

『ここまでわかった甲賀忍者』 甲賀流忍者調査団 監修 畑中英二 著(サンライズ出版)

『戦国忍者は歴史をどう動かしたのか？』 清水昇著(KKベストセラーズ)

『日本史の内幕』 磯田道史 著(中公新書)

『歴史の愉しみ方』 磯田道史 著(中公新書)

『イラストでみる 戦国時代の暮らし図鑑』 小和田哲男 監修(宝島社)

『幕府御家人 伊賀者の研究』井上直哉 著

『忍者検定読み本 忍びの知識 免許皆伝への道』甲賀忍術研究会 編(甲賀市観光協会)

監修

小和田哲男（おわだ・てつお）　担当【戦の巻・武具の巻】

1944年静岡市に生まれ。1972年、早稲田大学大学院文学研究科博士課程修了。2009年3月、静岡大学を定年退職。静岡大学名誉教授。主な著書に『日本人は歴史から何を学ぶべきか』（三笠書房、1999年）、『悪人がつくった日本の歴史』（中経の文庫、2009年）、『武将に学ぶ第二の人生』（メディアファクトリー新書、2013年）、『名軍師ありて、名将あり』（NHK出版、2013年）、『黒田官兵衛 智謀の戦国軍師』（平凡社新書、2013年）、『明智光秀・秀満』（ミネルヴァ書房、2019年）などがある。

山田雄司（やまだ・ゆうじ）　担当【忍者の巻】

1967年静岡県生まれ。京都大学文学部史学科卒業。亀岡市史編さん室を経て、筑波大学大学院博士課程歴史・人類学研究科史学専攻（日本文化研究学際カリキュラム）修了。博士（学術）。現在、三重大学人文学部教授。国際忍者研究センター（三重県伊賀市）副センター長。著書に『怨霊とは何か』（中公新書）、『忍者の歴史』（角川選書）、『忍者はすごかった 忍術書81の謎を解く』（幻冬舎新書）、『忍者の精神』（角川選書）など多数。

STAFF

企画・編集	細谷健次朗、柏もも子
営業	峯尾良久
編集協力	野田慎一、野村郁朋、龍田昇、上野卓彦
イラスト	熊アート
デザイン	森田千秋（Q.design）
DTP	松田祐加子（プールグラフィックス）
校正	ヴェリタ

※本書は2018年発売の『戦国　戦の作法』、2019年発売の『戦国　忍びの作法』、及び『戦国　忠義と裏切りの作法』を再編集したものです。

超リアル 戦国 武士と忍者の戦い図鑑

初版発行	2020年4月24日
第2版2刷発行	2023年1月28日
監修	小和田哲男、山田雄司
発行人	坂尾昌昭
編集人	山田容子
発行所	株式会社G.B.
	〒102-0072　東京都千代田区飯田橋4-1-5
	電話　03-3221-8013（営業・編集）
	FAX　03-3221-8814（ご注文）
	https://www.gbnet.co.jp
印刷所	株式会社シナノパブリッシングプレス

大人が読んでも楽しめる
G.B.の作法シリーズ

第1弾

戦国　戦の作法

監修：小和田哲男

戦国武将を下支えした「足軽」や「農民」たちのリアルを追う。

定価：本体1,500円+税

第2弾

大江戸　武士の作法

監修：小和田哲男

江戸期の下級武士たちはどんな場所に住み、何を食べていたのか!?

定価：本体1,600円+税

第3弾

戦国　忍びの作法

監修：山田雄司

本当の忍者は空を飛ぶことはなく、手裏剣も投げることはなかった。

定価：本体1,600円+税

第4弾

幕末　志士の作法

監修：小田部雄次

幕末の時代を生きた志士たち。志を持っていたのはひと握りだった。

定価：本体1,600円+税

第5弾

戦国　忠義と裏切りの作法

監修：小和田哲男

忠誠を誓いつつも、寝返ることが常態化していた「家臣」がテーマ。

定価：本体1,600円+税

第6弾

近現代　スパイの作法

監修：落合浩太郎

近現代のスパイが実際に使っている道具や、行なっている活動を白日の下にさらす。

定価：本体1,600円+税